DIE BESTEN

KONTAKTGRILL REZEPTE

Von Olivier Reneau

ÜBER DEN AUTOR

OLIVIER RENEAU

Olivier Reneau ist ein Grillmeister, der ursprünglich aus Frankreich stammt. Er erhielt durch seinen Vater, welcher ein eigenes BBQ-Restaurant hatte, schon in seiner Kindheit einen Einblick in die Kunst des Grillens. So lernte er von seinem Vater das Grillen und kann heute stolz sein ganzes Wissen und seine gemachte praktische Erfahrung in Form von Rezeptbüchern weitergeben.

Inhaltsverzeichnis

Einleitung

Sicher kennen Sie das auch. Wenn der Frühling beginnt, sich von seiner schönsten Seite zu zeigen, und die Temperaturen allmählich steigen, beginnt für viele die schönste Zeit des Jahres. Entweder weil Sie in den wärmeren Monaten des Jahres etwas Besonderes vorhaben oder weil Sie sich einfach nur auf die Zeit im eigenen Garten freuen. Vielleicht freuen Sie sich aber auch auf die Grillsaison, die genau zu dieser Zeit ihren Anfang nimmt.

Doch das Grillen von Würstchen, Steak und Co. erfreut sich nicht nur im Frühling und Sommer großer Beliebtheit. Vielmehr möchte man auch im Winter mal etwas Gegrilltes genießen. Seitdem es Kontaktgrills gibt, ist dies auch problemlos möglich.

Ein Kontaktgrill eignet sich zwar nicht unbedingt für das Grillen in freier Natur und auch sehr große Grillfeste können aufgrund der kleineren Grillflächen dieser Geräte nicht realisiert werden, die Vorteile, die diesen Aspekten jedoch gegenüberstehen, liegen auf der Hand. So ermöglicht der Kontaktgrill das Grillvergnügen über das ganze Jahr, weil lediglich ein Stromanschluss benötigt wird. Auch entwickeln sich keinerlei Rauch oder lästige Gerüche, mit welchen Sie Ihre Nachbarn auf die Nerven gehen könnten.

Ein Kontaktgrill grillt die unterschiedlichsten Speisen, kann im Inneren eines Hauses problemlos betrieben werden und steht den Grills, die mit Holzkohle betrieben werden, geschmacklich in nichts mehr nach.

In diesem Buch erfahren Sie, wie ein Kontaktgrill funktioniert und welche Speisen Sie damit zubereiten können. Der Kontaktgrill soll dem Holzkohlegrill gegenübergestellt werden, sodass Sie ganz einfach selbst herausfinden können, welcher Grill für Sie der richtige ist. Zudem erfahren Sie, worauf Sie beim Kauf eines Kontaktgrills achten sollten und was es sonst noch über die Geräte zu wissen gibt.

So funktioniert ein Kontaktgrill

Ein Kontaktgrill eignet sich auch für Sie, wenn Sie sich selbst nicht als Grillprofi bezeichnen würden. Optisch erinnert er aufgrund seiner Bauform eher an einen Sandwich-Maker oder an ein Waffeleisen. Er ist handlich und platzsparend zu verstauen und auch die Reinigung gestaltet sich mittlerweile kinderleicht. In diesem Abschnitt wird Ihnen erklärt, auf welchem Funktionsprinzip der Kontaktgrill basiert.

Der Kontaktgrill wird mit Strom betrieben. Sie müssen nur den Stecker in die Steckdose stecken, das Gerät einschalten und das gewünschte Grillprogramm auswählen und nach wenigen Minuten stehen köstliche Speisen mit noch köstlicheren Grillaromen auf dem Tisch.

Ein Kontaktgrill verfügt über eine oder mehrere Heiz- oder Grillplatten, zwischen welche Sie das Grillgut legen. Aufgrund dieser Arbeitsweise wird das Grillgut versiegelt, sodass sich der volle Geschmack entfalten kann. Da der Grill auf diese Weise Ihre Würstchen oder Steaks von beiden Seiten gleichmäßig brät, entstehen Ihnen verschiedene Vorteile. Zum einen entfällt das lästige Wenden des Grillguts, was das Grillen mit Sicherheit noch angenehmer macht. Außerdem sparen Sie jede Menge Zeit, da das Grillen mit dem Kontaktgrill nicht so lange dauert wie etwa mit einem Holzkohlegrill.

Das Grillen mit dem Kontaktgrill ist auch deutlich gesünder. Bei den meisten Speisen, die Sie mit einem solchen Grill zubereiten wollen, entfällt nämlich die zusätzliche Verwendung von Ölen und Fetten. Sie bereiten die Gerichte also schonend zu.

Da die meisten Grills über eine Antihaftbeschichtung verfügen, gestaltet sich die Reinigung denkbar einfach. Hier kommt es einerseits darauf an, welche Speisen Sie grillen, und andererseits, für welches Modell Sie sich entschieden haben. Bei vielen älteren Kontaktgrills nehmen Sie nach dem Grillvorgang und nachdem das Gerät abgekühlt ist, einfach eine Bürste zur Hand und reinigen die Grillplatten mit etwas Wasser und wenig Spülmittel. Es geht jedoch noch einfacher. Moderne Kontaktgrills sind so konzipiert, dass Sie die beiden Grillplatten entnehmen und in der Spülmaschine reinigen können. Bequemer kann grillen wohl kaum sein.

Einsatzmöglichkeiten für Kontaktgrills

Mit einem Kontaktgrill herrscht das ganze Jahr über Grillsaison. Sicher auch ein Grund, warum die Geräte vor allem im privaten Bereich so beliebt sind. Sie können sich aussuchen, ob Sie den Kontaktgrill in Ihrem Garten oder auf dem Balkon betreiben. Aber auch gegen das Grillen in der eigenen Küche spricht dank der fehlenden Rauch- und Geruchsentwicklung nichts. Die einzige Voraussetzung, die erfüllt sein muss, ist, dass sich ein Stromanschluss in der Nähe befinden muss.

Auch in kleineren Gastronomiebetrieben, die vielleicht nicht die Möglichkeit haben, im Freien zu grillen, ist der Kontaktgrill immer häufiger anzutreffen. Ein Kontaktgrill ist jedoch nicht nur so beliebt, weil er flexibel und nahezu überall eingesetzt werden kann. Er wird dem Holzkohlegrill auch vorgezogen, weil die Gefahren, die von dem Gerät ausgehen können, geringer sind beziehungsweise nahezu wegfallen. Sie haben es nicht mit offenem Feuer zu tun, was die Verletzungsgefahr erheblich reduziert. Auch atmen Sie keine giftigen Dämpfe ein und die schonende, nahezu fettfreie Zubereitung der Grillgerichte wirkt sich nicht negativ auf die Gesundheit aus.

Ein letzter Grund, der den Einsatz von Kontaktgrills so beliebt macht, sind die vielfältigen Anwendungsmöglichkeiten. So grillt der Kontaktgrill Ihnen Speisen, die weit über das klassische Grillgut hinausgehen. Natürlich können Sie auch mit dem Kontaktgrill Würstchen und Steaks grillen, genauso wie Sie es vielleicht schon früher im Garten mit dem Holzkohlegrill gemacht haben. Inzwischen haben sich die Geschmäcker jedoch verändert, auch die der Grillfreunde. Deshalb ermöglicht es Ihnen ein Kontaktgrill auch, Sandwiches oder Burger zu grillen, die ganz anders schmecken als aus dem Backofen. Auch das Grillen von Gemüse, Rindfleisch, Fisch oder Lamm stellt mit dem Kontaktgrill kein Problem dar. Bei manchen Geräten haben Sie sogar die Möglichkeit, gleich aus der Tiefkühltruhe zu grillen, etwa wenn Sie Fleisch gekauft haben. Dieses können Sie bei diesen Geräten auch im gefrorenen Zustand auf den Kontaktgrill legen und es mit der entsprechenden Funktion einfach auftauen lassen.

Aussuchen können Sie sich zudem, ob Sie Ihr Grillgut, blutig, medium oder durchgebraten genießen möchten. Bei den meisten Kontaktgrills stehen Ihnen verschiedene Programme zur Verfügung, die sich automatisch an das Grillgut anpassen. So wird dem Grill nicht nur die richtige Temperatur angewiesen, mit welcher Fisch oder Fleisch gegrillt werden sollen, Sie können die Temperatur auch von Hand einstellen, wenn Sie einmal außergewöhnliche Dinge wie beispielsweise Fladenbrot grillen möchten. Bei sehr neuen Geräten finden Sie sogar eine Bluetooth-Anbindung, was bedeutet, dass Sie den Grillvorgang live über Ihr Smartphone beobachten können.

Die Wahl fällt also schwer. Aufgrund des vielfältigen Angebots wird es jedoch sicher auch für Sie genau den Kontaktgrill geben, der zu Ihnen passt.

Kontaktgrill versus Holzkohlegrill: Wo liegen die Unterschiede?

Ob Sie sich am Ende für das klassische Grillvergnügen mit einem Holzkohlegrill oder für einen praktischen immer einsetzbaren Kontaktgrill entscheiden, bleibt natürlich Ihnen überlassen. Es gibt wohl zwei Lager. So gibt es wahre Grillexperten, für die nichts anderes infrage kommt, als wie früher klassisch auf dem Holzkohlegrill zu grillen. Dennoch hat sich der Kontaktgrill als eine echte Alternative herauskristallisiert für all diejenigen, die erst gar nicht die Möglichkeit haben, einen Holzkohlegrill zu betreiben.

In diesem Abschnitt sollen Sie die Unterschiede kennenlernen, die beide Grills aufweisen. Vielleicht macht Ihnen das die Entscheidung leichter. Natürlich erfreut sich der Holzkohlegrill schon aus nostalgischen Gründen großer Beliebtheit. Das Grillen wird wie ein Ritual zelebriert und auch der köstliche Grillgeruch, der über den Balkon oder durch den Garten strömt, ist wohl für jeden Grillfreund etwas Besonderes, was er nicht mehr missen möchte. Jedoch ist das Grillen mit dem Holzkohlegrill auch deutlich fettiger, was aus gesundheitlichen Aspekten nicht für jeden Menschen infrage kommt. Haben Sie einen Garten oder Balkon, auf dem es problemlos möglich ist, einen Holzkohlegrill zu betreiben, dann spricht auch nichts dagegen. Viele Menschen haben diese Möglichkeit jedoch nicht, weshalb für sie eher der Kontaktrill der richtige Grill ist.

Den Kontaktgrill können sie einfach auf den Küchentisch stellen und bereits nach kurzer Aufheizzeit können Sie losgrillen. Sie müssen beim Kontaktgrill zwar auf den herrlichen Grillduft verzichten, Sie stören aber auch Ihre Nachbarn nicht. Außerdem kann durch die fehlende Holzkohle kein Feuer entstehen und auch giftige Dämpfe können Sie nicht einatmen, da ja keine Flüssigkeit des Grillguts auf die Holzkohleglut tropfen kann.

Sie sehen also, dass beide Grillvarianten ihre Vorteile haben und dass es gar nicht so leicht ist, die richtige Entscheidung zu treffen. Vielleicht sei noch ein Argument angeführt, was auf jeden Fall für den Holzkohlegrill spricht. Diese Grills bieten mehr Platz, sodass Sie auch einmal ein Gartenfest veranstalten und mehrere Menschen mit köstlichen Grillspezialitäten versorgen können. Der Kontaktgrill hingegen bietet deutlich weniger Platz, weshalb er vorwiegend im kleinen Kreis genutzt wird.

Kontaktgrills und ihre unterschiedlichen Modelle

Wie schwer die Wahl fallen kann, zeigt sich schon daran, dass Sie auf unterschiedliche Modelle mit unterschiedlichen Ausstattungsmerkmalen zurückgreifen können. Auch die Anzahl der Grillprogramme kann variieren, was sich natürlich auch auf den Anschaffungspreis auswirkt. Mit jedem Kontaktgrill können Sie klassisches Grillgut wie Fleisch oder Würstchen grillen. Die meisten Modelle verfügen jedoch mittlerweile über zusätzliche Funktionen, die das Grillen von Fisch und Gemüse mühelos möglich machen. Es gibt Kontaktgrills, die eignen sich mehr für dünnes Grillgut, wie etwa Minutensteaks. Dies sind die klassischen Modelle, wo Sie das Grillgut zwischen die beiden Grillplatten legen. Andere Modelle können so aufgestellt werden, dass die beiden Platten nebeneinander genutzt werden können. Diese Modelle eignen sich auch für dickeres Grillgut sehr gut.

Wenn Sie sich nicht entscheiden möchten und sowohl Minutensteaks als auch andere Speisen auf Ihrem Kontaktgrill zubereiten möchten, hält der Markt auch hier genau die richtige Lösung für Sie bereit. So können Sie sich auch für ein Modell entscheiden, bei welchem Sie die Grillplatten je nach Bedarf austauschen können.

Falls Sie nun denken, dass ein regelmäßiger Austausch der Grillplatten mit viel Schmutz verbunden ist, irren Sie sich. Die meisten Kontaktgrills verfügen unterhalb der Grillplatten über eine Auffangschale, in welcher überschüssiges Fett oder anderweitig freigesetzte Flüssigkeiten zielsicher aufgefangen werden. Sie sollten sich vor dem Kauf gut beraten lassen und sich gut überlegen, was Sie grillen wollen und wie oft Sie das Grillvergnügen genießen möchten. Für die Wahl des richtigen Kontaktgrills sollten Sie sich Zeit einplanen, damit das Gerät am Ende auch alle Funktionen erfüllt, die Sie sich von Ihrem Kontaktgrill wünschen.

Darauf sollte beim Kauf eines Kontaktgrills geachtet werden

Nachdem Sie nun wissen, wie ein Kontaktgrill funktioniert und welche Argumente für ihn sprechen, stellt sich natürlich noch die Frage, wie Sie genau den Kontaktgrill finden, der zu Ihnen und Ihren Bedürfnissen passt.

Damit das Grillvergnügen ungehindert vonstattengehen kann, sollten Sie beim Kauf einige Dinge beachten, die Ihnen im Folgenden erläutert werden. Natürlich müssen Sie auch beim Kauf eines Kontaktgrills nicht zu viel Geld ausgeben, so gibt es Modelle, die für den kleinen Geldbeutel angeboten werden. Dennoch sollten Sie sich überlegen, ob Sie an dieser Stelle nicht am falschen Ende sparen. Der Anschaffungspreis ist zwar ein wichtiges Kriterium, jedoch haben einige Produkttests schon herausgebracht, dass es den sehr günstigen Modellen an Komfort und Qualität mangeln kann. Sie sollten daher Ihr Augenmerk lieber auf die Qualität als ausschließlich auf den Preis legen.

So sollten Sie beim Kauf unter anderem darauf achten, dass das Gerät über eine ordentliche Antihaftbeschichtung verfügt. Nur dank dieser ist es nämlich möglich, dass Sie das Grillgut nach dem Grillvorgang einfach entnehmen und den Grill hinterher nicht mühevoll reinigen müssen. Weiterhin sollte das gewählte Modell über eine stufenlose Temperaturregulierung verfügen. Diese kann wichtig werden, wenn Sie auch einmal Speisen zubereiten wollen, die weit über das klassische Grillvergnügen hinausgehen. Das Gerät sollte zudem über eine ordentliche Anzeige verfügen, auf welcher Sie Grillvorgang und Temperatur jederzeit beobachten können.

b ein Kontaktgrill von einer hochwertigen Qualität ist, erkennen Sie auch daran, ob er über die entsprechenden Prüfsiegel verfügt. Günstige Modelle bringen oftmals leider die Eigenschaft mit, dass Sie an den unterschiedlichen Stellen auch unterschiedlich heiß werden. Dies kann sich nachteilig auf das Grillgut auswirken. Das Fleisch oder der Fisch werden dann nicht mehr gleichmäßig gegart, sodass es außen knusprig oder sogar verbrannt und innen noch gar nicht durchgegart ist. Dies können Sie vermeiden, wenn Sie sich von vornherein für ein hochwertiges Modell entscheiden. Ein Vermögen muss ein Kontaktgrill dennoch nicht kosten. Sie treffen die richtige Entscheidung, wenn Sie sich vorab gut informieren. Loten Sie genau aus, welche Möglichkeiten Ihnen das jeweilige Modell bieten kann. Vergleichen Sie nicht nur die Preise, sondern auch die Funktionsmerkmale. Informieren Sie sich im Fachgeschäft oder im Internet und lassen Sie sich beraten.

Auch ein Austausch mit anderen Grillfreunden kann hilfreich sein, um die richtige Kaufentscheidung zu treffen. Zudem schadet es nicht, wenn Sie sich Testberichte von renommierten Fachmagazinen durchlesen. Diese haben die unterschiedlichen Geräte auf Herz und Nieren getestet und genau herausgearbeitet, was für oder gegen das eine oder andere Modell spricht. Überlegen Sie sich vor dem

Kauf also, was Sie von Ihrem Grillvergnügen erwarten. Denken Sie darüber nach, welche Speisen Sie zubereiten wollen, wie viel Geld Sie ausgeben möchten und welchen Komfort das Gerät sonst noch mitbringen soll. Berücksichtigen Sie diese Punkte, dann werden Sie sicher auch den Kontaktgrill finden, der Sie das ganze Jahr über mit köstlichen Grillspezialitäten verwöhnen kann.

Kontaktgrill – Häufige Fragen (FAQ)

In diesem Kapitel soll noch einmal in aller Kürze auf die wichtigsten Fragen eingegangen werden, die im Zusammenhang mit einem Kontaktgrill gestellt werden können.

Was ist ein Kontaktgrill?

Bei einem Kontaktgrill handelt es sich um einen Grill, der elektrisch, also über einen Stromanschluss betrieben wird. Über elektrische Heizstäbe gelangt die Wärme in das Innere der Grillplatten, die das Grillgut so gleichmäßig durchgaren. Ein Kontaktgrill unterscheidet sich von anderen Grillarten im Wesentlichen dadurch, dass er über zwei Grillplatten verfügt, zwischen welche das Grillgut gelegt wird. Dadurch werden die Speisen gleichmäßig gegrillt und das lästige Wenden entfällt.

Was kann man mit einem Kontaktgrill grillen?

Mit dem Kontaktgrill können Sie grundsätzlich alle Speisen grillen, die Sie auch mit einem Holzkohlegrill oder einem Gasgrill zubereiten können. Ob Fleisch, Fisch, Würstchen, Grillkäse, Brot oder Gemüse, Geflügel oder Rind, der Fantasie sind kaum Grenzen gesetzt. Sie sollten lediglich beachten, dass das Grillgut nicht zu dick ist. Der Deckel sollte sich immer schließen lassen, damit sich die Zubereitung optimal vollziehen kann.

Warum sollten Sie sich für einen Kontaktgrill entscheiden?

Die Vorteile eines Kontaktgrills liegen klar auf der Hand. Hier sind Sie noch einmal in Kurzform zusammengefasst:

- Kontaktgrills sind schnell und ohne großen Aufwand einsatzbereit.

- Kontaktgrills können zu jeder Jahreszeit und zu jedem Wetter eingesetzt werden. Balkon oder Garten sind nicht erforderlich.

- Das Grillen im Kontaktgrill braucht weniger Zeit, da das Wenden entfällt und das Grillgut von beiden Seiten gegart wird.

- Das Grillen mit dem Kontaktgrill läuft sehr sauber ab, da der Grill während des Grillvorgangs verschlossen ist. Überschüssige Flüssigkeiten wie Fette werden in einem Auffangbehälter aufgefangen und auch sonst spritzt kein Fett beim Grillen heraus.

- Der Kontaktgrill eignet sich für alle, die eine gesunde Ernährungsweise bevorzugen, da die meisten Speisen ohne die Zugabe von Fetten zubereitet werden können.

- Beim Kontaktgrill entfällt die Entwicklung von Rauch oder giftigen Dämpfen, er kann also auch eingesetzt werden, wenn sich die Nachbarn davon gestört fühlen könnten.

- Die Reinigung des Kontaktgrills ist spielend leicht, entweder mit einer Reinigungsbürste oder bei einigen Modellen praktisch im Geschirrspüler.

Haben Kontaktgrills auch Nachteile?

Der Kontaktgrill ist nicht in der Lage, dasselbe Flair zu versprühen, wie es der Holzkohlegrill vermag, weshalb er für viele Grillprofis erst gar nicht infrage kommt. Natürlich lässt sich der Kontaktgrill ausschließlich nur an Orten einsetzen, wo auch ein Stromanschluss vorhanden ist. Für das Grillen im Park ist er also nicht geeignet.

Kontaktgrill oder Elektrogrill?

Natürlich ist ein Kontaktgrill auch ein Elektrogrill. Er unterscheidet sich jedoch dadurch von anderen elektrisch betriebenen Modellen, dass er auch über eine Grillplatte im Deckel verfügt. Bei einem herkömmlichen Elektrogrill müssen Sie das Grillgut wenden, was beim Kontaktgrill nicht erforderlich ist. Auf dem Kontaktgrill müssen die Lebensmittel nicht erst gewendet werden, was Komfort verspricht und eine Zeitersparnis mitbringt.

Welcher Kontaktgrill ist der richtige?

Gute Kontaktgrills sollten im Wesentlichen zwei Aspekte erfüllen. Neben der Tatsache, dass ihre Sicherheit ausriechend geprüft worden sein sollte, sollten die Modelle in der Lage sein, auch bei hohen Temperaturen zu grillen. Nur so ist es möglich, auch Grillspeisen jenseits des klassischen Grillguts zuzubereiten. Zudem sollten die Grillplatten über eine Antihaftbeschichtung verfügen, damit das Grillgut nicht kleben bleibt, der Einsatz von Öl unnötig wird und sich die Reinigung einfacher gestaltet.

Fazit

Die Vorteile eines Kontaktgrills liegen also klar auf der Hand. Lediglich wenn Sie zu den Grill-Nostalgikern gehören, dürfte ein solcher Grill für Sie nicht die richtige Wahl sein. Wenn es Ihnen jedoch darum geht, schonend und zeitsparend zu grillen, ist der Kontaktgrill für Sie der richtige. Vielleicht ist es auch der Umstand, dass Sie einen Kontaktgrill überall einsetzen können, wo es einen Stromanschluss gibt. Vor allem wenn Sie gerne das ganze Jahr über Grillspezialitäten genießen möchten und dabei nicht abhängig von Platz und Wetter sein wollen, eignet sich der Kontaktgrill besser für Sie.

Lediglich für große Grillfeste und das Grillen in öffentlichen Parks erweist er sich als ungeeignet, das ist jedoch der einzige Nachteil, den man bei einem Kontaktgrill finden kann. Geschmacklich werden sie keine Unterschiede feststellen. Das Grillgut vom Kontaktgrill versprüht zwar nicht so einen herrlichen Duft, schmecken tut es jedoch genauso gut.

Auch kommt ein Kontaktgrill für Sie infrage, wenn Sie verschiedene Rezepte ausprobieren möchten, die weit über das klassische Grillen hinausgehen. Durch die verschiedenen Grillprogramme und verschiedene Einstellungsmöglichkeiten sind der Zubereitung köstlicher Grillgerichte keine Grenzen gesetzt.

FLEISCH
GERICHTE

Burger Boom

15 Min. Arbeitszeit

Zutaten für 4 Portionen:	**Zubereitung:**

Zutaten für 4 Portionen:

- 500 g Hackfleisch
- 1 Tomate, in Scheiben
- 1 Lauchzwiebel, gehackt
- 2 Knoblauchzehen, gehackt
- 1 TL Salz
- ½ TL Pfeffer
- 2 EL BBQ Soße
- 1 Zwiebel, in dünnen Scheiben
- 4 Scheiben Schmelzkäse
- 1 Chili, gehackt

Notizen:

Zubereitung:

1. Vermischen Sie das Hackfleisch mit den Lauchzwiebeln, der Tomate, Salz, Pfeffer und dem Knoblauch. Kneten Sie die Chilis unter und formen Sie daraus 8 Burger Fleisch Scheiben.
2. Die Scheiben sollten gleichgroß sein. Nun die Scheiben auslegen und die Hälfte vom Fleisch mit der BBQ Soße bestreichen, eine Zwiebel sowie ein Stück Käse darauflegen und mit einer anderen Burger Scheibe bedecken.
3. Den Kontaktgrill vorheizen und die Burger hineingeben. Den Deckel verschließen und solange garen, bis das grüne Licht aufleuchtet. Sollte keine Anzeige vorhanden sein, die Burger für 5-7 Minuten garen.

Knoblauch-Butter Steak

15 Min. Arbeitszeit / 2 Stunden Ruhezeit

<u>Zutaten für 2 Portionen:</u>	**<u>Zubereitung:</u>**
• 2 Rindersteaks • 80 g Butter, weich • 1 Knoblauchzehe, gehackt • 1 Prise Salz	1. Vermischen Sie die Butter mit Salz und Knoblauch, reiben Sie die Steaks damit ein und lassen Sie diese bei Zimmertemperatur für 2 Stunden ruhen. 2. Den Kontaktgrill auf Beef oder auf die höchste Stufe einschalten. 3. Das Steak hineingeben und bei der Funktion Beef, solange garen, bis die grüne Leuchte angeht. Ansonsten garen Sie das Steak für 4-5 Minuten. 4. Nach dem Garen das Steak 1 Minute ruhen lassen und servieren.

Notizen:

Bifteki

25 Min. Arbeitszeit

Zutaten für 4 Portionen:

- 500 g Rinderhackfleisch
- 100 g Feta
- 2 Eier
- 1 Zwiebel, gehackt
- ½ Bund Petersilie, gehackt
- 1 EL Zitronensaft
- 1 EL Öl
- 1 TL Oregano
- 1 TL Salz
- 1 TL Pfeffer

Notizen:

Zubereitung:

1. Verkneten Sie das Hackfleisch mit allen Zutaten, bis auf den Feta.
2. Formen Sie aus dem Hackfleisch kleine Kugeln. In jede Kugel etwas Feta hineingeben und das Hackfleisch darum verschließen.
3. Erhitzen Sie den Kontaktgrill auf Beef oder die höchste Stufe.
4. Geben Sie die Hackbällchen hinein und schließen Sie den Deckel. Die Bifteki bis zu grüner Leuchte garen oder 8-10 Minuten braten lassen.

Bacon Rings

15 Min. Arbeitszeit

Zutaten für 4 Portionen:	**Zubereitung:**
• 1 Gemüsezwiebel, in Scheiben • 400 g Bacon, in Scheiben • 4 EL BBQ Soße • 1 Bund Petersilie, gehackt	1. Nehmen Sie die Zwiebeln und teilen Sie die Ringe in einzelne Ringe. 2. Bestreichen Sie die Zwiebeln mit der BBQ Soße und wickeln Sie den Bacon darum. Jeder Ring sollte komplett von Bacon umhüllt sein. 3. Erhitzen Sie ihren Kontaktgrill und geben Sie die Ringe für 5 Minuten hinein. 4. Bestreuen Sie die Ringe mit der Petersilie und servieren Sie diese knusprig und frisch.
Notizen:	

Knoblauch-Schenkel

45 Min. Arbeitszeit

Zutaten für 2 Portionen:

- 2 Hähnchenschenkel
- 4 EL Butter
- 2 Knoblauchzehen, gehackt
- 1 Prise Salz & Pfeffer

Notizen:

Zubereitung:

1. Die Hähnchenschenkel reinigen.
2. Die Butter mit Salz, Pfeffer und Knoblauch vermischen.
3. Die Butter auf den Schenkeln verteilen und den Kontaktgrill auf die höchste Stufe einstellen.
4. Die Schenkel für 15 Minuten darin garen. Danach den Grill auf die halbe Hitze stellen. Wer eine Geflügelfunktion hat kann diese ab jetzt nutzen und garen bis die grüne Lampe angeht. Alle anderen garen die Schenkel für 25 Minuten.
5. Zwischendurch mit dem Fett bepinseln und den Kontaktgrill wieder verschließen. Wenn das Fleisch sich am Knochen schieben lässt, sind die Schenkel gut.

Chili-Limetten-Schenkel

45 Min. Arbeitszeit / 2 Stunden Ruhezeit

Zutaten für 2 Portionen:

- 2 Hähnchenschenkel
- 4 EL Butter
- 1 Chili
- 6 EL Öl
- 2 Limetten Saft & Abrieb
- 1 Prise Salz & Pfeffer

Notizen:

Zubereitung:

1. Die Hähnchenschenkel reinigen.
2. Das Öl mit den Chilis, Salz, Pfeffer und dem Limettensaft sowie Abrieb vermischen. Die Hähnchen hineingeben und 2 Stunden ruhen lassen.
3. Den Kontaktgrill auf die höchste Stufe einstellen.
4. Die Schenkel für 15 Minuten darin garen. Danach den Grill auf die halbe Hitze stellen. Wer eine Geflügelfunktion hat kann diese ab jetzt nutzen und garen bis die grüne Lampe angeht. Alle anderen garen die Schenkel für 25 Minuten.
5. Zwischendurch mit dem Fett bepinseln und den Kontaktgrill wieder verschließen. Wenn das Fleisch sich am Knochen schieben lässt, sind die Schenkel gut.

Pesto-Schenkel

45 Min. Arbeitszeit

Zutaten für 2 Portionen:	Zubereitung:
• 2 Hähnchenschenkel • 6 EL Pesto • 2 EL Öl Notizen:	1. Die Hähnchenschenkel reinigen. 2. Nehmen Sie einen Esslöffel mit Pesto und schieben ihn unter die Haut des Hähnchens. Verteilen Sie das Pesto zwischen der Haut des Hähnchens. 3. Reiben Sie das Hähnchen von außen mit dem Öl ein. 4. Den Kontaktgrill auf die höchste Stufe einstellen. 5. Die Schenkel für 15 Minuten darin garen. Danach den Grill auf die halbe Hitze stellen. Wer eine Geflügelfunktion hat kann diese ab jetzt nutzen und garen bis die grüne Lampe angeht. Alle anderen garen die Schenkel für 25 Minuten. 6. Zwischendurch mit dem Fett bepinseln und den Kontaktgrill wieder verschließen. Wenn das Fleisch sich am Knochen schieben lässt, sind die Schenkel gut.

Hackbällchen

25 Min. Arbeitszeit

<u>**Zutaten für 4 Portionen:**</u>	<u>**Zubereitung:**</u>
• 500 g Rinderhackfleisch • 2 getrocknete Tomaten, gehackt • 8 Oliven, gehackt • 2 Eier • 1 Zwiebel, gehackt • ½ Bund Petersilie, gehackt • 1 EL Zitronensaft • 1 EL Öl • 1 TL Oregano • 1 TL Salz • 1 TL Pfeffer • 100 g geriebener Käse Notizen: ____________________ ____________________ ____________________ ____________________ ____________________	1. Verkneten Sie das Hackfleisch mit allen Zutaten. 2. Formen Sie aus dem Hackfleisch kleine Kugeln. 3. Erhitzen Sie den Kontaktgrill auf Beef oder die höchste Stufe. 4. Geben Sie die Hackbällchen hinein und schließen Sie den Deckel. Die Bällchen bis zu grüner Leuchte garen oder 8-10 Minuten braten lassen.

Hähnchenspieße

30 Min. Arbeitszeit / 2 Stunden Ruhezeit

Zutaten für 4 Portionen:

- Holzspieße
- 500 g Hähnchenbrust, in Stücken
- 200 ml Buttermilch
- 1 Zitronensaft
- 1 TL Curry
- 1 TL Kurkuma
- Salz & Pfeffer
- ¼ TL Cayennepfeffer

Notizen:

Zubereitung:

1. Legen Sie die Holzspieße in Wasser ein und nehmen Sie diese nach 15 Minuten heraus.
2. Vermischen Sie das Hähnchenfleisch mit den anderen Zutaten und lassen Sie diese für zwei Stunden ruhen.
3. Spießen Sie das Fleisch auf die Spieße und schalten Sie den Kontaktgrill auf die Geflügelstufe oder die höchste Stufe.
4. Geben Sie die Spieße hinein und garen Sie diese bis zur grünen Leuchte oder für 8-10 Minuten.

Bacon Bombe

20 Min. Arbeitszeit

Zutaten für 1 Portionen:	Zubereitung:
• 6 Jalapeños • 60 g Frischkäse, Kräuter • 12 Bacon, Scheiben Notizen: ______________________________ ______________________________ ______________________________ ______________________________ ______________________________	1. Reinigen Sie die Jalapeños und höhlen Sie diese aus. 2. Füllen Sie den Frischkäse hinein und umwickeln Sie jede Jalapeños mit zwei Scheiben Bacon. 3. Erhitzen Sie ihren Kontaktgrill auf die höchste Stufe und geben Sie die Bacon Bomben für 5 Minuten hinein. Der Bacon sollte knusprig sein.

Sweet Bacon

10 Min. Arbeitszeit

Zutaten für 2 Portionen:	**Zubereitung:**
• 200 g Bacon in Scheiben • 100 g Datteln	1. Nehmen Sie die Datteln aus der Verpackung und umwickeln Sie jede davon mit Bacon. 2. Erhitzen Sie den Kontaktgrill auf der Steakstufe oder auf der höchsten Stufe. 3. Grillen Sie die Datteln für 3-6 Minuten, je nach Größe. Der Bacon sollte knusprig sein.

Notizen:

Burger

20 Min. Arbeitszeit

Zutaten für 2 Portionen:

- 2 Hamburger Brötchen
- 2 EL Ketchup
- 2 EL Mayonnaise
- 1 Essiggurke, in Scheiben
- 250 g Rinderhackfleisch
- Salz & Pfeffer
- 100 g Rucola
- 1 Tomate, in Scheiben
- 1 Zwiebel, in Ringen

Notizen:

Zubereitung:

1. Verkneten Sie das Hackfleisch mit dem Salz und dem Pfeffer. Formen Sie daraus zwei Fleisch Burger.
2. Erhitzen Sie ihren Kontaktgrill auf die höchste Stufe und geben Sie das Burger Fleisch für 5-8 Minuten hinein. Oder nutzen Sie ihre Burger Funktion und warten Sie je nach Gar Stufe auf die grüne Leuchte.
3. Schneiden Sie die Brötchen auf und bestreichen Sie jeweils eine Hälfte mit Mayonnaise und eine mit Ketchup. Verteilen Sie den Belag darauf.
4. Nehmen Sie das Fleisch und geben es auf den Belag. Verschließen Sie die Burger mit der anderen Brötchenseite.

Zucchini Bacon Puffer

25 Min. Arbeitszeit

Zutaten für 4 Portionen:	Zubereitung:
• 100 g Bacon • 300 g Zucchini, geraspelt • 100 g Mehl • 80 g Parmesan • 1 Lauchzwiebel, gehackt • ½ Bund Petersilie, gehackt • Salz & Pfeffer	1. Pressen Sie die Zucchini mit ihren Händen aus. 2. Verkneten Sie alle Zutaten und erhitzen Sie ihren Kontaktgrill auf höchster Stufe. Bestreichen Sie die Grillfläche gegeben Falls mit etwas Öl. 3. Geben Sie den Teig nach und nach in den Kontaktgrill und braten Sie die Puffer aus.

Notizen:

Kartoffel Bacon Puffer

25 Min. Arbeitszeit

Zutaten für 4 Portionen:

- 800 g Kartoffeln, gerieben
- 80 g Bacon in Würfel
- 1 Bund Schnittlauch, gehackt
- 2 EL Öl
- Salz & Pfeffer
- 90 g Mehl
- 2 Eier

Notizen:

Zubereitung:

1. Verkneten Sie die Zutaten zu einem zähen Teig.
2. Erhitzen Sie ihren Kontaktgrill auf die höchste Stufe.
3. Geben Sie den Teig nacheinander in den Kontaktgrill und backen Sie die Puffer für 10-15 Minuten aus.

Whiskey Steak

15 Min. Arbeitszeit / 2 Stunden Ruhezeit

Zutaten für 2 Portionen:	**Zubereitung:**
• 2 Rindersteaks • 60 ml Whiskey • 30 ml Öl • 1 Bund Koriander, gehackt • 1 Zwiebel, gehackt • 1 Knoblauchzehe, gehackt • 1 Chili, gehackt Notizen:	1. Vermischen Sie die Zutaten mit den Steaks und lassen Sie diese bei Zimmertemperatur für 2 Stunden ruhen. 2. Den Kontaktgrill auf Beef oder auf die höchste Stufe einschalten. 3. Das Steak hineingeben und bei der Funktion Beef, solange garen, bis die grüne Leuchte angeht. Ansonsten garen Sie das Steak für 4-5 Minuten. 4. Nach dem Garen das Steak 1 Minute ruhen lassen und servieren.

Burger Steak

30 Min. Arbeitszeit /

Zutaten für 2 Portionen:	**Zubereitung:**
• 2 Rindersteaks • Salz & Pfeffer • 2 Burger Brötchen • 4 EL BBQ Soße • 1 Zwiebel, in Ringe • 2 Salatblätter • 2 Tomatenscheiben • 2 Gurkenscheiben • 2 Käsescheiben Notizen:	1. Die Steaks mit Salz und Pfeffer würzen. 2. Den Kontaktgrill auf Beef oder auf die höchste Stufe einschalten. 3. Die Brötchen aufschneiden und mit der BBQ Soße bestreichen. Mit dem Salat, Tomate, Gurke, Zwiebel und dem Käse belegen. 4. Das Steak hineingeben und bei der Funktion Beef, solange garen, bis die grüne Leuchte angeht. Ansonsten garen Sie das Steak für 4-5 Minuten. 5. Nach dem Garen das Steak 1 Minute ruhen lassen und auf die Burger geben. Mit dem anderen Burger Brötchen bedecken und servieren.

Hähnchenbrust Feta

20 Min. Arbeitszeit

Zutaten für 2 Portionen:

- 2 Hähnchenbrustfilet
- 100 g Feta
- 2 getrocknete Tomaten in Öl, gehackt
- 4 Oliven, gehackt
- 1 Zwiebel, gehackt
- Paprikapulver
- Salz
- Pfeffer
- Öl

Notizen:

Zubereitung:

1. Schneiden Sie die Hähnchenbrust an der Seite etwas ein, so dass eine Tasche entsteht, die gefüllt werden kann.
2. Vermischen Sie den Feta mit den Oliven, Zwiebeln und der Tomate. Geben Sie die Füllung in die Hähnchenbrust.
3. Reiben Sie die Hähnchenbrust mit Öl ein und würzen Sie diese mit Paprikapulver, Salz und Pfeffer.
4. Erhitzen Sie ihren Kontaktgrill auf die Geflügelstufe oder auf die höchste Stufe. Garen Sie die Brust bis zur grünen Leuchte oder für 10-12 Minuten.

Hähnchenbrust Spinat

20 Min. Arbeitszeit

Zutaten für 2 Portionen:	**Zubereitung:**
• 2 Hähnchenbrustfilet • 100 g Frischkäse • 100 g frischer Spinat, gehackt • 1 Knoblauchzehe, gehackt • 1 Zwiebel, gehackt • Salz • Pfeffer • Öl Notizen: ______ ______ ______ ______ ______	1. Schneiden Sie die Hähnchenbrust an der Seite etwas ein, so dass eine Tasche entsteht, die gefüllt werden kann. 2. Vermischen Sie den Frischkäse mit dem Knoblauch, Zwiebel und dem Spinat. Geben Sie die Füllung in die Hähnchenbrust. 3. Reiben Sie die Hähnchenbrust mit Öl ein und würzen Sie diese mit Paprikapulver, Salz und Pfeffer. 4. Erhitzen Sie ihren Kontaktgrill auf die Geflügelstufe oder auf die höchste Stufe. Garen Sie die Brust bis zur grünen Leuchte oder für 10-12 Minuten.

Wurstspieße

15 Min. Arbeitszeit

Zutaten für 2 Portionen:	Zubereitung:
• 4 Holzspieße • Paprika rot, in Stücken • Paprika gelb, in Stücken • 3 Krakauer Würstchen, in Stücken • 1 Zwiebel, in Stücken • 1 EL Sojasoße & 3 EL Öl	1. Nehmen Sie die Spieße und legen Sie diese für fünf Minuten in Wasser ein. 2. Danach nehmen Sie die Zutaten und spießen diese auf den Spießen auf. 3. Schalten Sie ihren Kontaktgrill auf die höchste Hitze und bestreichen Sie die Spieße mit der Sojasoße. 4. Dann geben Sie die Spieße für 5-8 Minuten in den Kontaktgrill und grillen diese gar.

Notizen:

Rouladen Spieße

25 Min. Arbeitszeit

Zutaten für 4 Portionen:	**Zubereitung:**
• Holzspieße, eingeweicht • 4 Rinderrouladen • 2 EL Senf • Salz & Pfeffer • 4 Bacon Scheiben • 2 EL Öl	1. Rollen Sie die Rouladen aus und bestreichen Sie diese mit dem Senf. Legen Sie eine Scheibe Bacon auf jede Scheibe Fleisch und rollen Sie diese auf. 2. Schneiden Sie die Rollen in Scheiben und spießen Sie diese Scheiben auf die Holzspieße. 3. Bestreichen Sie die Spieße mit dem Öl und erhitzen Sie ihren Kontaktgrill auf die höchste Stufe. 4. Grillen Sie die Rouladen für 6-10 Minuten.

Notizen:

FISCH & MEERESFRÜCHTE

Lachs

10 Min. Arbeitszeit

Zutaten für 2 Portionen:	**Zubereitung:**
• 2 Lachsfilet • 1 EL Zitronensaft • 1 EL Öl • Salz & Pfeffer	1. Vermischen Sie das Öl mit dem Zitronensaft und dem Salz sowie dem Pfeffer. 2. Bestreichen Sie den Lachs damit und erhitzen Sie ihren Kontaktgrill auf die Fischstufe oder auf mittlerer Hitze. 3. Geben Sie den Lachs hinein und garen Sie diesen bis zur grünen Leuchte oder für 5-7 Minuten.

Notizen:

Lachs Burger

10 Min. Arbeitszeit

Zutaten für 2 Portionen:

- 2 Lachsfilet
- 1 EL Zitronensaft
- 1 EL Öl
- Salz & Pfeffer
- 2 Burger Brötchen
- 2 EL Remoulade
- ¼ Bund Dill, gehackt
- ½ Salatgurke, in Scheiben
- 1 Zwiebel, in Ringen

Notizen:

Zubereitung:

1. Vermischen Sie das Öl mit dem Zitronensaft und dem Salz sowie dem Pfeffer.
2. Bestreichen Sie den Lachs damit und erhitzen Sie ihren Kontaktgrill auf die Fischstufe oder auf mittlerer Hitze.
3. Geben Sie den Lachs hinein und garen Sie diesen bis zur grünen Leuchte oder für 5-7 Minuten.
4. Schneiden Sie die Brötchen auf und bestreichen Sie diese mit der Remoulade. Geben Sie den Lachs darauf und belegen Sie die Burger mit den restlichen Zutaten.
5. Bedecken Sie den Burger mit der anderen Brötchenhälfte.

Forelle

30 Min. Arbeitszeit

Zutaten für 2 Portionen:

- 2 Forellen, küchenfertig
- 1 Zitrone, in Scheiben, Bio
- Salz & Pfeffer
- 2 Stiele Thymian
- 2 Stiele Rosmarin
- 2 Stiele Estragon
- Öl

Notizen:

Zubereitung:

1. Reiben Sie die Forellen von außen mit dem Öl ein. Bestreuen Sie diese mit Salz und Pfeffer.
2. Füllen Sie die Forellen mit den Zitronenscheiben und den Kräutern.
3. Erhitzen Sie ihren Kontaktgrill auf der Fischstufe und garen Sie die Forelle bis zur grünen Leuchte oder erhitzen Sie den Kontaktgrill auf die höchste Stufe und garen Sie die Forelle für 10-15 Minuten.

Tintenfisch

20 Min. Arbeitszeit / 1 Stunde Ruhezeit

Zutaten für 4 Portionen:	Zubereitung:
• 4 Tintenfischtuben • 50 ml Öl • 1 Knoblauchzehe, gehackt • 1 Chili, gehackt • 1 Limettensaft	1. Vermischen Sie alle Zutaten in eine Schüssel und lassen Sie diese für 1 Stunde ruhen. 2. Dann entnehmen Sie die Tuben und erhitzen den Kontaktgrill auf die mittlere Stufe. 3. Lassen Sie die Tuben für 10 Minuten garen.

Notizen:

Knoblauch Thunfisch

20 Min. Arbeitszeit / 1 Stunde Ruhezeit

Zutaten für 4 Portionen:

- 4 Thunfischsteak
- 1 Limettensaft
- 2 EL Öl
- 1 Knoblauchzehe

Zubereitung:

1. Vermischen Sie das Öl mit dem Limettensaft und dem Knoblauch.
2. Reiben Sie die Steaks damit ein und lassen Sie diese für eine Stunde ruhen.
3. Erhitzen Sie den Kontaktgrill auf höchster Stufe und braten Sie die Steaks für 5-6 Minuten.

Notizen:

Salsa Thunfisch

20 Min. Arbeitszeit / 1 Stunde Ruhezeit

<u>Zutaten für 4 Portionen:</u>	**<u>Zubereitung:</u>**
• 4 Thunfischsteak • 1 Zwiebel, gehackt • 2 EL Öl • 1 Knoblauchzehe • 1 Tomate, gehackt • 1 Bund Koriander, gehackt Notizen: ____________________ ____________________ ____________________ ____________________ ____________________	1. Vermischen Sie das Öl mit dem Knoblauch, Tomaten, Zwiebel und Koriander. 2. Reiben Sie die Steaks damit ein und lassen Sie diese für eine Stunde ruhen. 3. Erhitzen Sie den Kontaktgrill auf höchster Stufe und braten Sie die Steaks für 5-6 Minuten.

Makrele

15 Min. Arbeitszeit

Zutaten für 2 Portionen:	**Zubereitung:**
• 2 Makrelen, Küchenfertig • 1 Zitronensaft • 4 Thymianstängel • Öl • Salz	1. Erhitzen Sie ihren Kontaktgrill auf mittlerer Hitze. 2. Reiben Sie die Makrele mit dem Zitronensaft, Öl und dem Salz ein. Legen Sie den Thymian in den Fisch. 3. Geben Sie den Fisch in den Kontaktgrill und lassen Sie diesen dort für 10-15 Minuten grillen.

Notizen:

Hummerschwanz

30 Min. Arbeitszeit

Zutaten für 2 Portionen:	**Zubereitung:**
• 100 g Kräuterbutter • 2 Hummerschwänze • Salz & Pfeffer • 1 Limette in Spalten	1. Nehmen Sie die Hummerschwänze und schneiden Sie die Schale oben ein. Lösen Sie das Fleisch locker, lassen es jedoch in der Schale. 2. Die Schale bis zur Schwanzflosse aufschneiden und aufdrücken, so dass ein V entsteht. 3. Geben Sie die Kräuterbutter mit hinein und würzen Sie das Fleisch mit Salz und Pfeffer. 4. Erhitzen Sie ihren Kontaktgrill auf die höchste Stufe und geben Sie den Hummerschwanz für 10-15 in den Kontaktgrill. 5. Servieren Sie das Fleisch mit der Limette.
Notizen:	

Thunfisch Sandwich

15 Min. Arbeitszeit

Zutaten für 1 Portionen:	**Zubereitung:**
• 2 Toastbrot Scheiben • 1 TL Remoulade • 1 TL Tomaten Ketchup • 50 g Thunfisch, aus der Dose, abgetropft • 1 TL Kapern • 50 g Cheddar, gerieben • 30 g Butter Notizen:	1. Bestreichen Sie die Toastbrot Scheiben von allen Seiten mit der Butter. 2. Dann bestreichen Sie eine Toastbrot Scheibe mit der Remoulade und die andere mit dem Ketchup. 3. Geben Sie auf die Remoulade den Thunfisch, Cheddar und die Kapern. Drücken Sie die Ketchup Seite fest darauf und erhitzen Sie ihren Kontaktgrill. 4. Den Toast für 5-7 Minuten darin grillen und frisch servieren.

Thunfisch Bombe

20 Min. Arbeitszeit

Zutaten für 1 Portionen:	**Zubereitung:**
• 6 Jalapeños • 1 Dose Thunfisch, abgetropft • 2 EL Mayonnaise • 12 Bacon, Scheiben • 1 TL Limettensaft	1. Reinigen Sie die Jalapeños und höhlen Sie diese aus. 2. Vermischen Sie den Thunfisch mit dem Limettensaft und der Mayonnaise. 3. Füllen Sie den Thunfisch hinein und umwickeln Sie jede Jalapeños mit zwei Scheiben Bacon. 4. Erhitzen Sie ihren Kontaktgrill auf die höchste Stufe und geben Sie die Bacon Bomben für 5 Minuten hinein. Der Bacon sollte knusprig sein.

Notizen:

Bomben Burger

20 Min. Arbeitszeit

Zutaten für 2 Portionen:	Zubereitung:
• 6 Jalapeños • 1 Dose Thunfisch, abgetropft • 2 EL Mayonnaise • 12 Bacon, Scheiben • 1 TL Limettensaft • 2 Brötchen • 50 g Meerrettichcreme • 50 g Krautsalat	1. Reinigen Sie die Jalapeños und höhlen Sie diese aus. 2. Vermischen Sie den Thunfisch mit dem Limettensaft und der Mayonnaise. 3. Füllen Sie den Thunfisch hinein und umwickeln Sie jede Jalapeños mit zwei Scheiben Bacon. 4. Erhitzen Sie ihren Kontaktgrill auf die höchste Stufe und geben Sie die Bacon Bomben für 5 Minuten hinein. Der Bacon sollte knusprig sein. 5. Bestreichen Sie die Brötchen mit der Meerrettichcreme und belegen Sie diese mit den Jalapeños Bomben sowie dem Krautsalat.
Notizen:	

Limetten Lachs

10 Min. Arbeitszeit / 1 Stunde Ruhezeit

Zutaten für 2 Portionen:	Zubereitung:
• 2 Lachsfilet • 1 Limettensaft • 1 EL Öl • Salz & Pfeffer • 1 Chili, gehackt • 1 Bund Koriander, gehackt	1. Vermischen Sie das Öl mit dem Limettensaft und dem Salz sowie dem Pfeffer, Chili und Koriander. 2. Bestreichen Sie den Lachs damit und lassen Sie diesen 1 Stunde ruhen. 3. Erhitzen Sie ihren Kontaktgrill auf die Fischstufe oder auf mittlerer Hitze. 4. Geben Sie den Lachs hinein und garen Sie diesen bis zur grünen Leuchte oder für 5-7 Minuten.

Notizen:

Butterfisch

15 Min. Arbeitszeit / 1 Stunde Ruhezeit

Zutaten für 2 Portionen:	**Zubereitung:**
• 2 Butterfischfilet • 1 Limettensaft • 1 EL Öl • 1 TL Chiliflocken	1. Vermischen Sie das Öl mit dem Limettensaft und dem Salz sowie dem Pfeffer und den Chiliflocken. 2. Bestreichen Sie den Butterfisch damit und lassen Sie diesen 1 Stunde ruhen. 3. Erhitzen Sie ihren Kontaktgrill auf die Fischstufe oder auf mittlerer Hitze. 4. Geben Sie den Butterfisch hinein und garen Sie diesen bis zur grünen Leuchte oder für 7-9 Minuten.

Notizen:

Garnelenspieße

10 Min. Arbeitszeit

Zutaten für 2 Portionen:	**Zubereitung:**
• 2 Spieße • 100 g Garnelen, küchenfertig • 1 Paprika gelb, in Stücken • 1 Zucchini, in Stücken • 1 EL Öl • 1 EL Sojasoße	1. Vermischen Sie das Öl mit der Sojasoße. 2. Spießen Sie die Zutaten auf die Spieße auf und bestreichen Sie diese mit der Sojasoße. 3. Erhitzen Sie ihren Kontaktgrill auf die höchste Stufe und geben Sie die Spieße hinein. 4. Lassen Sie die Garnelen für 5-7 Minuten darin garen.

Notizen:

Garnelen Burger

10 Min. Arbeitszeit

Zutaten für 2 Portionen:	**Zubereitung:**
• 1 Baguette • 100 g Garnelen, küchenfertig • 2 EL Öl • 1 Chili, gehackt • 2 EL Remoulade • 1 Zwiebel, gehackt • 1 Essiggurke, gehackt • 1 Paprika rot, gehackt	1. Vermischen Sie die Garnelen mit dem Öl und Salz sowie Pfeffer und Zitronensaft. 2. Erhitzen Sie ihren Kontaktgrill auf die höchste Stufe und geben Sie die Garnelen hinein. 3. Lassen Sie die Garnelen für 5-7 Minuten darin garen. 4. Schneiden Sie das Baguette auf und bestreichen es mit der Remoulade. Geben Sie die Garnelen sowie die restlichen Zutaten darauf und klappen Sie das Baguette zu. 5. Halbieren Sie das Baguette und servieren Sie es frisch.
Notizen:	

VEGETARISCH

Kartoffelpuffer

35 Min. Arbeitszeit

Zutaten für 4 Portionen:

- 800 g Kartoffeln
- 80 g Mehl
- 2 Eier
- 1 Zwiebel, gehackt
- 2 EL Öl
- Salz & Pfeffer

Notizen:

Zubereitung:

1. Kochen Sie die Kartoffeln für 15 Minuten in Salzwasser. Danach lassen Sie diese etwas Abkühlen und zerdrücken Sie diese danach.
2. Mischen Sie die anderen Zutaten unter und formen Sie mit feuchten Händen kleine, gleichmäßige Kugeln daraus.
3. Erhitzen Sie ihren Kontaktgrill auf die höchste Stufe und geben Sie die Kugeln hinein. Schließen Sie den Deckel.
4. Lassen Sie die Kartoffelpuffer für 5-10 Minuten darin garen, bis diese die gewünschte Bräune erreicht haben.

Falafel Taler

20Min. Arbeitszeit

Zutaten für 4 Portionen:	**Zubereitung:**
• 1 Dose Kichererbsen, abgetropft • 1 Bund Petersilie, gehackt • 2 EL Öl • 1 Knoblauchzehe, gehackt • 60 g Kichererbsen Mehl • 1 TL Salz • 1 TL Pfeffer • ½ TL Kreuzkümmel, gemahlen • 1 Prise Zimt	1. Vermischen Sie alle Zutaten in ihrem Mixer und pürieren Sie die Masse für 3 Minuten. Sollte diese zu feste sein, noch etwas Öl hinzufügen. Sollte Sie zu Flüssig sein etwas mehr Mehl. Dies weicht je nach Kichererbsen etwas voneinander ab. 2. Erhitzen Sie ihren Kontaktgrill. 3. Formen Sie mit feuchten Händen kleine Kugeln aus dem Teig und geben Sie diese für 4-6 Minuten in den Kontaktgrill.

Notizen:

Blumenkohl Taler

20 Min. Arbeitszeit / 3 Stunden Ruhezeit

Zutaten für 2 Portionen:

- 1 Blumenkohl, in Röschen
- 1 Limettensaft / Abrieb
- 1 Prise Paprikapulver
- 1 TL Salz
- ½ TL Pfeffer
- ½ Bund Minze, gehackt
- 1 EL Zucker, braun
- 4 EL Öl
- 1 Chili, gehackt

Notizen:

Zubereitung:

1. Verrühren Sie das Öl mit dem Zucker, Limettensaft und Abrieb, der Chili, dem Paprikapulver und dem Salz sowie dem Pfeffer.
2. Schneiden Sie die Blumenkohl Röschen in Scheiben und geben Sie diese in die Marinade. Lassen Sie diese dort für 3 Stunden, bei Zimmertemperatur ruhen.
3. Erhitzen Sie den Kontaktgrill und geben Sie die Scheiben hinein. Lassen Sie die Blumenkohlstücke für 8-12 Minuten braten.

Grillmöhren

10 Min. Arbeitszeit / 4 Stunden Ruhezeit

Zutaten für 4 Portionen:	**Zubereitung:**
• 500 g Möhren • 1 Zitronensaft • 1 EL Honig • 1 Chili, gehackt	1. Nehmen Sie die Möhren und waschen Sie diese, entfernen Sie das Grün und schneiden Sie die Möhren der Länge nach in die Hälfte. 2. Vermischen Sie die Möhren mit den anderen Zutaten und lassen Sie diese für 4 Stunden ruhen. 3. Erhitzen Sie den Kontaktgrill und geben Sie die Möhren hinein. Lassen Sie die Möhren für 5-10 Minuten karamellisieren.

Notizen:

Bruschetta

15 Min. Arbeitszeit

Zutaten für 4 Portionen:	**Zubereitung:**
• 1 Baguette, in Scheiben • 2 Tomaten, gehackt • 1 Zwiebel, gehackt • 2 Knoblauchzehen, gehackt • 1 Knoblauchzehe, geschält • 2 EL Öl • 1 Prise Salz • 1 Prise Pfeffer	1. Verrühren Sie das Öl mit dem gehackten Knoblauchstücken, Tomaten, Zwiebeln, Salz und Pfeffer. 2. Erhitzen Sie den Kontaktgrill und geben Sie die Baguette Scheiben darauf. Lassen Sie diese so lange garen bis schöne Grillstreifen entstehen. 3. Reiben Sie die heißen Scheiben mit der Knoblauchzehe ein und geben Sie diese auf einen Teller. Auf jede Scheibe kommt nun etwas von der Tomatenmischung. 4. Lassen Sie die Bruschetta vor dem Servieren etwa 5 Minuten ziehen.
Notizen:	

Blitz Langosch

10 Min. Arbeitszeit

Zutaten für 2 Portionen:

- 150 g Naturjoghurt
- ½ TL Backpulver
- ½ TL Salz
- ½ TL Zucker
- 300 g Mehl
- 300 g Käse, gerieben, vegetarisch
- 1 EL Knoblauchöl zum Bestreichen

Notizen:

Zubereitung:

1. Vermischen Sie alle Zutaten bis auf das Knoblauchöl.
2. Lassen Sie den Teig 5 Minuten ruhen und erhitzen Sie in dieser Zeit ihren Kontaktgrill.
3. Bestreichen Sie den Kontaktgrill mit dem Knoblauchöl.
4. Formen Sie aus dem Teig 6 Kugeln. Geben Sie die Kugeln in den Kontaktgrill und schließen Sie den Deckel.
5. Den Teig für 5-10 Minuten ausbacken.

Hawaii Spieße

15 Min. Arbeitszeit

Zutaten für 4 Portionen:	**Zubereitung:**

- 1 Ananas, in Stücken
- 200 g Tofu, in Stücken
- 1 EL Curry
- 2 EL Öl
- 1 EL Limettensaft
- ½ TL Chiliflocken
- 1 EL Honig
- Holzspieße

1. Legen Sie die Holzspieße für 5 Minuten in Wasser ein und nehmen Sie diese anschließend heraus.
2. Vermischen Sie das Öl, Limettensaft, Honig und Curry.
3. Spießen Sie die Ananas abwechselnd mit dem Tofu auf die Spieße und bestreichen Sie diese mit der Marinade.
4. Den Kontaktgrill erhitzen und die Spieße für 8 Minuten darin braten.
5.

Notizen:

Kartoffelwaffeln

35 Min. Arbeitszeit

Zutaten für 2 Portionen:	Zubereitung:
• 250 g Kartoffel, gerieben • 140 g Karotten, gerieben • 1 Zucchini, gerieben • 25 g Käse, gerieben, vegetarisch • 1 Ei • 2 EL Mandelmilch • 60 g Mehl • ½ Bund Petersilie, gehackt • ½ TL Salz • ½ TL Pfeffer • 1 Prise Muskatnuss Notizen:	1. Vermischen Sie alle Zutaten zu einem Teig und erhitzen Sie den Kontaktgrill. 2. Bestreichen Sie diesen etwas mit Öl und geben Sie den Teig portionsweise hinein. 3. Lassen Sie die Kartoffelwaffeln für 8-10 Minuten goldbraun ausbacken.

Zucchini Puffer

25 Min. Arbeitszeit

Zutaten für 2 Portionen:	Zubereitung:
• 300 g Zucchini, gerieben • 80 g Parmesan, gerieben • 2 Eier • 1 Zwiebel, gehackt • 1/3 Bund Petersilie, gehackt • Salz & Pfeffer • 100 g Mehl Notizen:	1. Die Zucchini mit den Händen ausdrücken und mit den anderen Zutaten vermischen. 2. Den Kontaktgrill erhitzen und den Teig portionsweise hineingeben. 3. Die Zucchini Puffer für 8 Minuten grillen.

Chili Champignons

10 Min. Arbeitszeit / 12 Stunden Ruhezeit

Zutaten für 2 Portionen:	Zubereitung:
• 500 g Champignons • 1 Chili, gehackt • 1 Knoblauchzehe, gehackt • 50 ml Öl • 1 Prise Salz • 1 Prise Pfeffer • 1 Lorbeerblatt	1. Die Champignons reinigen und die Stiele entfernen, diese können gerne für ein anderes Gericht verwahrt werden. 2. Die Champignons mit den anderen Zutaten vermischen und für 12 Stunden im Kühlschrank durchziehen lassen. 3. Erhitzen Sie den Kontaktgrill und geben Sie die Champignons für 6-12 Minuten, je nach Größe darauf.

Notizen:

Grillspieße

20 Min. Arbeitszeit

Zutaten für 2 Portionen:

- 6 Spieße
- 1 Paprika, in Stücken
- 1 Zucchini, in Stücken
- 1 Zwiebel, in Stücken
- 1 Salatgurke, in Stücken
- 1 EL Sojasoße
- 1 EL Öl

Notizen:

Zubereitung:

1. Nehmen Sie die Spieße und lassen Sie diese für 5 Minuten im Wasser quellen.
2. Stecken Sie danach das Gemüse abwechselnd auf die Spieße.
3. Vermischen Sie die Sojasoße und das Öl und bestreichen Sie die Spieße damit.
4. Erhitzen Sie den Kontaktgrill und geben Sie die Spieße für 10-12 Minuten hinein.

Kartoffelscheiben

20 Min. Arbeitszeit / 10 Minuten Ruhezeit

Zutaten für 4 Portionen:	**Zubereitung:**
• 400 g Kartoffeln, in Scheiben • 50 g Pinienkerne • 3 EL Öl • 1 Bund Petersilie, gehackt • 1 Bund Schnittlauch, gehackt • 1 Knoblauchzehe, gehackt • 1 Prise Salz & Pfeffer	1. Alle Kräuter, Knoblauch, Öl und Pinienkerne mit Salz und Pfeffer pürieren. 2. Die Kartoffelscheiben hineingeben und 10 Minuten ziehen lassen. 3. Heizen Sie ihren Kontaktgrill auf die höchste Stufe ein und geben Sie die Scheiben für 8-10 Minuten hinein.

Notizen:

Zucchinipäckchen

25 Min. Arbeitszeit

Zutaten für 2 Portionen:

- 2 Zucchini
- 100 g vegetarischer Frischkäse
- 1 Knoblauchzehe, gehackt
- 1 Bund Petersilie
- 1 getrocknete Tomate in Öl, gehackt

Notizen:

Zubereitung:

1. Waschen Sie die Zucchini und entfernen Sie die Enden.
2. Schneiden Sie die Zucchini, der Länge nach in Streifen.
3. Vermischen Sie die anderen Zutaten und bestreichen Sie die Zucchini-Streifen damit. Rollen Sie diese auf.
4. Heizen Sie ihren Kontaktgrill auf die höchste Stufe ein und geben Sie die Zucchinipäckchen hinein. Lassen Sie diese für 5-8 Minuten darin grillen.

Kutab & Spinat

30 Min. Arbeitszeit

Zutaten für 4 Portionen:	**Zubereitung:**
• 1 TL Salz • 180 ml Wasser • 350 g Mehl • 300 g Spinat, gehackt • ½ TL Salz • 1 Prise Muskatnuss • 1 Knoblauchzehe, gehackt • 1 getrocknete Tomate, gehackt • ½ Bund Schnittlauch, gehackt	1. Vermischen Sie den Teelöffel Salz mit dem Wasser und dem Mehl zu einem glatten Teig. 2. Teilen Sie den Teig in zehn Kugeln und rollen Sie diese aus. 3. Vermischen Sie den Spinat mit den restlichen Zutaten und geben ihn auf eine Hälfte des Teigs, klappen Sie die andere Hälfte darüber und verschließen Sie die Ränder gut. 4. Den Kontaktgrill mit etwas Öl bestreichen und die Teigtaschen darin für 5-10 Minuten, goldbraun ausbraten.

Notizen:

Kutab & Feta

30 Min. Arbeitszeit

Zutaten für 4 Portionen:	**Zubereitung:**
• 1 TL Salz • 180 ml Wasser • 350 g Mehl • 200 g Feta • 1 Zwiebel, gehackt • 1 Knoblauchzehe, gehackt • 1 Bund Petersilie, gehackt • 1 Zitronenabrieb Notizen:	1. Vermischen Sie den Teelöffel Salz mit dem Wasser und dem Mehl zu einem glatten Teig. 2. Teilen Sie den Teig in zehn Kugeln und rollen Sie diese aus. 3. Vermischen Sie den Feta mit den anderen Zutaten zu einer Creme und geben ihn auf eine Hälfte des Teigs, klappen Sie die andere Hälfte darüber und verschließen Sie die Ränder gut. 4. Den Kontaktgrill mit etwas Öl bestreichen und die Teigtaschen darin für 5-10 Minuten, goldbraun ausbraten.

Kutab Süß

30 Min. Arbeitszeit

Zutaten für 4 Portionen:	**Zubereitung:**
• 1/2 TL Salz • 180 ml Wasser • 350 g Mehl • 2 Äpfel, gehackt • 50 Mandelsplitter • 2 EL Honig • 2 EL Zitronensaft • 60 g Rosinen Notizen: ________________ ________________ ________________ ________________ ________________	1. Vermischen Sie den Teelöffel Salz mit dem Wasser und dem Mehl zu einem glatten Teig. 2. Teilen Sie den Teig in zehn Kugeln und rollen Sie diese aus. 3. Vermischen Sie den Apfel mit den anderen Zutaten und verteilen Sie die Mischung auf der Hälfte des Teigs. Klappen Sie die andere Seite darüber und drücken Sie die Ränder mit einer Gabel fest. 4. Den Kontaktgrill mit etwas Öl bestreichen und die Teigtaschen darin für 5-10 Minuten, goldbraun ausbraten.

BBQ Dattelspieße

10 Min. Arbeitszeit

Zutaten für 2 Portionen:

- 2 Holzspieße
- 1 Tofu, in Stücke
- 1 Apfel in Stücke
- 2 Datteln, in Stücke
- 2 EL BBQ Soße

Notizen:

Zubereitung:

1. Weichen Sie die Spieße kurz in Wasser ein und stecken Sie danach die Zutaten nacheinander auf die Spieße.
2. Schalten Sie ihren Kontaktgrill auf die höchste Stufe und geben Sie die Spieße für 4-8 Minuten hinein.

BROTE
SANDWICHES
GEBÄCK

Grillbrot

30 Min. Arbeitszeit / 1 Stunde Ruhezeit

Zutaten für 4 Portionen:

- 500 g Mehl
- 280 ml Wasser, warm
- 1 Päckchen Trockenhefe
- 1 TL salz
- 50 ml Olivenöl

Notizen:

Zubereitung:

1. Vermischen Sie das lauwarme Wasser mit der Hefe, bis diese aufgelöst ist.
2. Danach das Mehl sowie das Salz einkneten und das Öl unterkneten, den Teig für eine Stunde ruhen lassen.
3. Nutzen Sie die höchste Hitze ihres Kontaktgrill oder die Sandwichstufe.
4. Formen Sie 8 Brote aus dem Teig und geben Sie diese hinein. Auf der Sandwichstufe bis zur grünen Leuchte garen, ansonsten 10-12 Minuten ausbacken.

Naanbrot

25 Min. Arbeitszeit

Zutaten für 6 Portionen:	**Zubereitung:**
• 100 ml Milch, warm • ½ TL Salz • ½ TL Zucker • 1 TL Trockenhefe • ½ TL Backpulver • 250 g Mehl • 100 g Naturjoghurt • Butter	1. Vermischen Sie alle Zutaten, bis auf die Butter, zu einem Teig. 2. Formen Sie mit feuchten Händen 6 Kugeln daraus und rollen Sie diese aus. 3. Erhitzen Sie ihren Kontaktgrill auf die höchste Stufe und geben Sie die Teigkugeln für 3-4 Minuten hinein. 4. Herausnehmen und mit der Butter bestreichen, bis zum Essen warmhalten.

Notizen:

Fladenbrot

20 Min. Arbeitszeit / 1 Stunde Ruhezeit

Zutaten für 4 Portionen:

- 25 g Trockenhefe
- 100 g Bier
- 150 g Wasser, warm
- 1 EL italienische Kräuter
- 1 TL Salz
- 450 g Mehl

Notizen:

Zubereitung:

1. Alle Zutaten zu einem Teig verkneten, den Teig für 1 Stunde ruhen lassen.
2. Kneten Sie den Teig erneut durch und formen Sie 8 Kugeln daraus.
3. Rollen Sie die Kugeln zu Fladen aus und erhitzen Sie den Kontaktgrill auf die höchste Stufe.
4. Geben Sie die Fladenbrote für 5-6 Minuten hinein.

Reste Blitz

20 Min. Arbeitszeit

Zutaten für 4 Portionen:	**Zubereitung:**
• 4 Brötchen • 60 g Kräuterbutter • 200 g Käse, in Stücken • 2 EL Öl	1. Nehmen Sie alte Brötchen und schneiden Sie diese zu Rauten ein. 2. Geben Sie in die Rauten die Kräuterbutter sowie den Käse. 3. Bestreichen Sie die Brötchen mit dem Öl. 4. Erhitzen Sie den Kontaktgrill auf die höchste Stufe und geben Sie die Brötchen für 5-6 Minuten hinein.

Notizen:

Olivenbrot

20 Min. Arbeitszeit / 1 Stunde Ruhezeit

Zutaten für 4 Portionen:

- 25 g Trockenhefe
- 100 g Mineralwasser
- 150 g Wasser, warm
- 1 EL Rosmarin
- 1 TL Salz
- 1 EL Thymian
- 450 g Mehl
- 15 g Oliven, in Scheiben

Notizen:

Zubereitung:

1. Alle Zutaten, bis auf die Oliven, zu einem Teig verkneten, den Teig für 1 Stunde ruhen lassen.
2. Kneten Sie den Teig erneut durch und formen Sie 8 Kugeln daraus.
3. Rollen Sie die Kugeln zu Fladen aus, belegen Sie diese mit den Oliven und erhitzen Sie den Kontaktgrill auf die höchste Stufe.
4. Geben Sie die Fladenbrote für 5-6 Minuten hinein.

Panini

15 Min. Arbeitszeit

Zutaten für 6 Portionen:	**Zubereitung:**
• 1 TL Zucker • 300 ml Wasser • 25 g Olivenöl • 1 EL Salz • 10 g Hefe, frisch • 550 g Mehl	1. Alle Zutaten zu einem Teig verkneten und diesen in 6 Stücke teilen. 2. Die Stücke ausrollen und den Kontaktgrill auf höchster Stufe vorheizen. 3. Die Teigstücke nach und nach zu Panini ausgrillen. Dies dauert ungefähr 10-15 Minuten. Die Panini sollten goldbraun sein und leichte Grillstreifen aufweisen.

Notizen:

Focaccia Natur

20 Min. Arbeitszeit

Zutaten für 2 Portionen:	**Zubereitung:**
• 450 g Mehl • 1 Würfel Hefe, frisch • 1 TL Zucker • 4 EL Öl • 280 ml Wasser • 1 TL Salz	1. Erhitzen Sie den Kontaktgrill auf die höchste Stufe. 2. Verkneten Sie den Teig und formen Sie daraus 4 Kugeln. Die Kugeln zu Focaccia ausrollen. 3. Die Focaccia für 10-15 hinein.

Notizen:

Focaccia Olive Rosmarin

20 Min. Arbeitszeit

Zutaten für 2 Portionen:	**Zubereitung:**
• 450 g Mehl • 1 Würfel Hefe, frisch • 1 TL Zucker • 4 EL Öl • 280 ml Wasser • 1 TL Salz • 32 Oliven • 4 Stängel Rosmarin	1. Erhitzen Sie den Kontaktgrill auf die höchste Stufe. 2. Verkneten Sie den Teig und formen Sie daraus 4 Kugeln. Die Kugeln zu Focaccia ausrollen. Mit Oliven und Rosmarin belegen. 3. Die Focaccia für 10-15 hinein.

Notizen:

Focaccia Tomate Basilikum

20 Min. Arbeitszeit

Zutaten für 2 Portionen:	**Zubereitung:**
• 450 g Mehl • 1 Würfel Hefe, frisch • 1 TL Zucker • 4 EL Öl • 280 ml Wasser • 1 TL Salz • 8 Datteltomaten, in Stücken • ½ Bund Basilikum Notizen:	4. Erhitzen Sie den Kontaktgrill auf die höchste Stufe. 5. Verkneten Sie den Teig und formen Sie daraus 4 Kugeln. Die Kugeln zu Focaccia ausrollen. Mit Tomaten und Basilikum belegen. 6. Die Focaccia für 10-15 hinein.

Pestobrot

25 Min. Arbeitszeit

Zutaten für 6 Portionen:	**Zubereitung:**
• 100 ml Milch, warm • ½ TL Salz • ½ TL Zucker • 1 TL Trockenhefe • ½ TL Backpulver • 250 g Mehl • 100 g Pesto, grün • Butter	1. Vermischen Sie alle Zutaten, bis auf die Butter, zu einem Teig. 2. Formen Sie mit feuchten Händen 6 Kugeln daraus und rollen Sie diese aus. 3. Erhitzen Sie ihren Kontaktgrill auf die höchste Stufe und geben Sie die Teigkugeln für 3-4 Minuten hinein. 4. Herausnehmen und mit der Butter bestreichen, bis zum Essen warmhalten.

Notizen:

Käse Chili Sandwich

10 Min. Arbeitszeit

Zutaten für 2 Portionen:	**Zubereitung:**
• 4 Toastbrotscheiben • 20 g Butter • 200 g Cheddar, gerieben • 1 Chili, gehackt • 1 rote Paprika, gehackt	1. Bestreichen Sie die Toastscheiben von allen Seiten mit der Butter. 2. Belegen Sie jeweils eine Scheibe mit dem Cheddar, Paprika und Chili. Bedecken Sie diese mit der Butterseite der anderen Toastscheibe. 3. Erhitzen Sie den Kontaktgrill auf die Sandwichstufe und garen Sie das Sandwich bis zur grünen Leuchte oder erhitzen Sie den Kontaktgrill auf die höchste Stufe und lassen Sie das Sandwich für 5-6 Minuten grillen.

Notizen:

Panini Parma

10 Min. Arbeitszeit

Zutaten für 2 Portionen:	Zubereitung:
<ul><li>2 Panini Brötchen, aus dem Buch</li><li>6 Scheiben Parmaschinken</li><li>1 Ei, in Scheiben</li><li>1 Salatgurke, in Scheiben</li><li>100 g Rucola</li><li>1 Tomate in Scheiben</li><li>30 g Kräuterbutter</li></ul>	1. Schneiden Sie die Panini ein und bestreichen Sie diese mit der Kräuterbutter. 2. Den Rucola, Tomaten, Salatgurke, Ei und den Parmaschinken hineingeben. 3. Den Kontaktgrill auf die höchste Stufe einschalten und die Panini für 3-5 Minuten darin anrösten.

Notizen:

Panini Feige Senf

10 Min. Arbeitszeit

Zutaten für 2 Portionen:	Zubereitung:
• 2 Panini Brötchen, aus dem Buch • 2 Feigen • 2 Scheiben roher Schinken • 1 EL Senf • 1 El Butter Notizen:	1. Die Butter mit dem Senf vermischen. 2. Schneiden Sie die Panini ein und bestreichen Sie diese mit der Senfbutter. 3. Geben Sie die Feige und den Schinken hinein. 4. Den Kontaktgrill auf die höchste Stufe einschalten und die Panini für 3-5 Minuten darin anrösten.

Panini Pesto Tomate

10 Min. Arbeitszeit

Zutaten für 2 Portionen:

- 2 Panini Brötchen, aus dem Buch
- 2 Scheiben Kochschinken
- 2 Scheiben Salami
- 1 Tomate in Scheiben
- 2 EL Tomaten Pesto
- 100 g Feta

Notizen:

Zubereitung:

1. Schneiden Sie die Panini ein und bestreichen Sie diese mit dem Pesto.
2. Belegen Sie die Panini mit den anderen Zutaten.
3. Den Kontaktgrill auf die höchste Stufe einschalten und die Panini für 3-5 Minuten darin anrösten.

Bauern Sandwich

10 Min. Arbeitszeit

Zutaten für 2 Portionen:

- 4 Scheiben Bauernbrot
- 2 EL Schmalz
- 30 g Röstzwiebeln
- Kräutersalz

Notizen:

Zubereitung:

1. Nehmen Sie die Brotscheiben und bestreichen Sie diese mit dem Schmalz, streuen Sie die Röstzwiebeln sowie das Kräutersalz darüber.
2. Erhitzen Sie ihren Kontaktgrill auf die höchste Stufe.
3. Klappen Sie die Brote zusammen und halbieren Sie diese.
4. Die Brote für 3-5 Minuten darin grillen.

PANINIS & PIZZA

BBQ Kugeln

20 Min. Arbeitszeit / 2 Stunden Ruhezeit

Zutaten für 2 Portionen:

- 500 g Mehl
- 250 ml Wasser, warm
- 10 g Hefe, frisch
- 3 EL Öl
- 1 TL Salz
- 4 Scheiben Kochschinken
- 3 Scheiben Salami
- 100 g Käse, gerieben
- 3 EL BBQ Soße

Notizen:

Zubereitung:

1. Vermischen Sie das Mehl mit dem Wasser, dem Salz und der Hefe. Verkneten Sie dies zu einem Teig und lassen Sie den Teig für 2 Stunden, bei Zimmertemperatur ruhen.
2. Kneten Sie den Teig erneut durch und rollen Sie diesen aus. Bestreichen Sie den Teig mit der BBQ Soße und belegen ihn mit dem Belag. Rollen Sie den Teig auf und schneiden Sie diesen in Scheiben.
3. Rollen Sie jede Scheibe zu einer Kugel und erhitzen Sie ihren Kontaktgrill auf die höchste Stufe.
4. Backen Sie die Pizza Kugeln für 6-10 Minuten darin, goldbraun.

Pizza Waffel

30 Min. Arbeitszeit / 1 Stunde Ruhezeit

Zutaten für 4 Portionen:

- 500 g Mehl
- 250 ml Wasser, lauwarm
- 1 TL Salz
- 3 EL Öl
- 1 Dose Thunfisch, abgetropft
- 1 TL Zitrone
- 60 g Käse, gerieben
- 2 EL Kapern
- 1 Chili, gehackt
- 1 Knoblauchzehe, gehackt

Notizen:

Zubereitung:

1. Verkneten Sie das Mehl, Wasser, Salz und Öl zu einem Teig. Lassen Sie den Teig eine Stunde im Zimmer ruhen. Kneten Sie diesen erneut durch.
2. Geben Sie die restlichen Zutaten dazu und erhitzen Sie ihren Kontaktgrill auf die höchste Stufe.
3. Geben Sie den Teig nach und nach hinein und backen Sie ihre Pizza Waffeln aus. Jede Waffel braucht ca. 6-8 Minuten und sollte goldbraun sein.

Türkische Pizza

15 Min. Arbeitszeit / 60 Minuten Ruhezeit

Zutaten für 6 Portionen:

- 350 ml Wasser, warm
- 1 TL Zucker
- 1 Würfel Hefe, frisch
- 500 g Mehl
- 10 g Salz
- 2 EL Öl
- 200 ml Joghurtsoße
- ½ Eisbergsalat, in Streifen
- 1 Tomate, gehackt
- 1 Zwiebel, gehackt
- 200 ml Hackfleischsoße
- 200 g Krautsalat

Notizen:

Zubereitung:

1. Verkneten Sie das Wasser, Zucker, Salz, Öl, Hefe und Mehl und lassen Sie den Teig für sechzig Minuten ruhen.
2. Rollen Sie den Teig zu 12 Kugeln und danach rollen Sie diese Kugeln zu einem dünnen Teig aus.
3. Erhitzen Sie ihren Kontaktgrill auf die höchste Stufe und geben Sie den Teig hinein. Den Teig für 3-4 Minuten darauf garen. Danach den Teig herausnehmen.
4. Bestreichen Sie den Teig mit der Hackfleischsoße und belegen Sie ihn mit dem Salat. Beträufeln Sie alles mit der Soße. Zusammenrollen und genießen.

Pizza Schnecken

20 Min. Arbeitszeit / 2 Stunden Ruhezeit

Zutaten für 2 Portionen:	**Zubereitung:**

Zutaten für 2 Portionen:

- 500 g Mehl
- 250 ml Wasser, warm
- 10 g Hefe, frisch
- 3 EL Öl
- 1 TL Salz
- 1 Knoblauchzehe, gehackt
- 80 g Bacon, in Würfel
- 1 Zwiebel, gehackt
- 150 g Käse, gerieben
- 4 EL Tomatensoße

Notizen:

Zubereitung:

1. Vermischen Sie das Mehl mit dem Wasser, dem Salz und der Hefe. Verkneten Sie dies zu einem Teig und lassen Sie den Teig für 2 Stunden, bei Zimmertemperatur ruhen.
2. Kneten Sie den Teig erneut durch und rollen Sie diesen aus. Bestreichen Sie den Teig mit der Soße und belegen ihn mit dem Belag. Rollen Sie den Teig auf und schneiden Sie diesen in Scheiben.
3. Erhitzen Sie ihren Kontaktgrill auf die höchste Stufe.
4. Backen Sie die Pizza Schnecken für 6-10 Minuten darin, goldbraun.

Blitz Taschen

20 Min. Arbeitszeit

Zutaten für 2 Portionen:

- 1 Pizzateig, aus der Kühlung
- 20 ml Tomatensoße
- 2 Scheiben Schinken, in Streifen
- 2 Scheiben Salami, in Streifen
- 50 g Champignon, in Scheiben
- 1 Zwiebel, gehackt
- 1 EL Italienische Kräuter

Notizen:

Zubereitung:

1. Vermischen Sie die Soße mit den Kräutern und bestreichen Sie den Teig damit.
2. Belegen Sie den Teig mit den Zutaten und klappen Sie den Teig zusammen. Teilen Sie diesen in der Mitte und drücken Sie alle Ränder mit einer Gabel an.
3. Erhitzen Sie ihren Kontaktgrill und geben Sie die Teigtaschen nacheinander für 6-10 Minuten hinein.

Blätterteig Pizza

15 Min. Arbeitszeit

Zutaten für 2 Portionen:	Zubereitung:
• 1 Blätterteig, aus der Kühlung • 20 ml Tomatensoße • 2 Scheiben Schinken, in Streifen • 2 Scheiben Salami, in Streifen • 50 g Champignon, in Scheiben • 1 Zwiebel, gehackt • 1 EL Italienische Kräuter	1. Vermischen Sie die Soße mit den Kräutern und bestreichen Sie den Teig damit. 2. Belegen Sie den Teig mit den Zutaten und rollen Sie den Teig zusammen. Teilen Sie diesen in Scheiben. 3. Erhitzen Sie ihren Kontaktgrill und geben Sie die Scheiben nacheinander für 8-10 Minuten hinein.

Notizen:

Schinken Pesto Panini

20 Min. Arbeitszeit

Zutaten für 2 Portionen:	Zubereitung:
• 8 Toastbrot Scheiben • 4 EL Butter, weich • 4 Scheiben Schinken • 8 EL Parmesan • 4 EL Pesto, grün	1. Erhitzen Sie den Kontaktgrill auf die Toasteinstellung oder auf die höchste Stufe. 2. Bestreichen Sie die Brotscheiben von allen Seiten mit Butter und legen Sie diese auf eine Arbeitsplatte. Nun die oben liegenden Seiten mit dem Pesto bestreichen und mit Parmesan bestreuen. 3. Den Schinken draufgeben und jeweils zwei Brotscheiben zusammendrücken. 4. Die Toastscheiben in den Kontaktgrill geben und dort für 6-8 Minuten rösten. Zu Dreiecken schneiden und servieren.

Notizen:

Tomaten Mozza Panini

20 Min. Arbeitszeit

Zutaten für 2 Portionen:	**Zubereitung:**
• 8 Toastbrot Scheiben • 4 EL Butter, weich • 1 Tomate, in Scheiben • 1 Mozzarella, in Scheiben • Kräutersalz • ½ Bund Basilikum, die einzelnen Blätter Notizen: __________ __________ __________ __________ __________	1. Erhitzen Sie den Kontaktgrill auf die Toasteinstellung oder auf die höchste Stufe. 2. Bestreichen Sie die Brotscheiben von allen Seiten mit Butter und legen Sie diese auf eine Arbeitsplatte. 3. Mit den Tomaten und dem Mozzarella sowie dem Basilikum belegen und mit dem Kräutersalz bestreuen. 4. Den Schinken draufgeben und jeweils zwei Brotscheiben zusammendrücken. 5. Die Toastscheiben in den Kontaktgrill geben und dort für 6-8 Minuten rösten. Zu Dreiecken schneiden und servieren.

Tuno Panini

20 Min. Arbeitszeit

Zutaten für 2 Portionen:

- 8 Toastbrot Scheiben
- 4 EL Butter, weich
- 1 Dose Thunfisch, abgetropft
- 2 EL Mayonnaise
- 1 TL Zitronensaft
- 1 Bund Petersilie, gehackt
- 1 Ei, gehackt
- 1 getrocknete Tomate in Öl, gehackt
- Salz & Pfeffer

Notizen:

Zubereitung:

1. Vermischen Sie den Thunfisch, Ei, Tomate, Zitronensaft, Mayonnaise und Salz sowie Pfeffer.

2. Erhitzen Sie den Kontaktgrill auf die Toasteinstellung oder auf die höchste Stufe.

3. Bestreichen Sie die Brotscheiben von allen Seiten mit Butter und legen Sie diese auf eine Arbeitsplatte.

4. Streichen Sie die Thunfischmischung darauf.

5. Drücken Sie zwei Brotscheiben zusammen.

6. Die Toastscheiben in den Kontaktgrill geben und dort für 6-8 Minuten rösten. Zu Dreiecken schneiden und servieren.

Vollkorn Panini

20 Min. Arbeitszeit

Zutaten für 2 Portionen:

- 8 Vollkorn-Toastbrot Scheiben
- 4 EL Butter, weich
- 4 Scheiben Kochschinken
- 4 EL Pesto, Tomate
- 100 g Rucola
- 4 Tomaten in Öl, gehackt
- 80 g Parmesan in Streifen

Notizen:

Zubereitung:

1. Vermischen Sie den Thunfisch, Ei, Tomate, Zitronensaft, Mayonnaise und Salz sowie Pfeffer.

2. Erhitzen Sie den Kontaktgrill auf die Toasteinstellung oder auf die höchste Stufe.

3. Bestreichen Sie die Brotscheiben von allen Seiten mit Butter und legen Sie diese auf eine Arbeitsplatte.

4. Mit dem Pesto bestreichen und dem Belag belegen. Jeweils zwei Brotscheiben aufeinander geben und andrücken.

5. Die Toastscheiben in den Kontaktgrill geben und dort für 6-8 Minuten rösten. Zu Dreiecken schneiden und servieren.

Chili Cheese Panini

20 Min. Arbeitszeit

<u>Zutaten für 2 Portionen:</u>	**<u>Zubereitung:</u>**
• 8 Toastbrot Scheiben • 4 EL Butter, weich • 4 Jalapeños, in Scheiben • 200 g Cheddar, gerieben Notizen:	1. Vermischen Sie den Thunfisch, Ei, Tomate, Zitronensaft, Mayonnaise und Salz sowie Pfeffer. 2. Erhitzen Sie den Kontaktgrill auf die Toasteinstellung oder auf die höchste Stufe. 3. Bestreichen Sie die Brotscheiben von allen Seiten mit Butter und legen Sie diese auf eine Arbeitsplatte. 4. Mit dem Cheddar und den Jalapeños bestreuen. 5. Drücken Sie zwei Brotscheiben zusammen. 6. Die Toastscheiben in den Kontaktgrill geben und dort für 6-8 Minuten rösten. Zu Dreiecken schneiden und servieren.

Vollkorn Pizza am Stiel

30 Min. Arbeitszeit / 1 Stunde Ruhezeit

Zutaten für 4 Portionen:

- 500 g Dinkel Mehl
- 250 ml Wasser, lauwarm
- 1 TL Salz
- 3 EL Öl
- Holzstiele
- 150 g Ananas, gehackt
- 200 g Gouda, gerieben
- 100 g Kochschinken, in Stücken

Notizen:

Zubereitung:

1. Verkneten Sie das Mehl, Wasser, Salz und Öl zu einem Teig. Lassen Sie den Teig eine Stunde im Zimmer ruhen. Kneten Sie diesen erneut durch.
2. Geben Sie die restlichen Zutaten dazu und erhitzen Sie ihren Kontaktgrill auf die höchste Stufe.
3. Geben Sie den Teig nach und nach hinein, legen Sie jeweils einen Holzstiel in den Teig und backen Sie ihre Pizza aus. Jede Pizza braucht ca. 6-8 Minuten und sollte goldbraun sein.

Pizza am Stiel

30 Min. Arbeitszeit / 1 Stunde Ruhezeit

Zutaten für 4 Portionen:

- 500 g Mehl
- 250 ml Wasser, lauwarm
- 1 TL Salz
- 3 EL Öl
- Holzstiele
- 50 g Bacon, in Würfel
- 4 EL gehackte Tomaten
- 100 g Mozzarella, gerieben
- 8 Oliven, gehackt
- 1 Knoblauchzehe, gehackt

Notizen:

Zubereitung:

4. Verkneten Sie das Mehl, Wasser, Salz und Öl zu einem Teig. Lassen Sie den Teig eine Stunde im Zimmer ruhen. Kneten Sie diesen erneut durch.
5. Geben Sie die restlichen Zutaten dazu und erhitzen Sie ihren Kontaktgrill auf die höchste Stufe.
6. Geben Sie den Teig nach und nach hinein, legen Sie jeweils einen Holzstiel in den Teig und backen Sie ihre Pizza aus. Jede Pizza braucht ca. 6-8 Minuten und sollte goldbraun sein.

DESSERT

Wassermelone Stücke

15 Min. Arbeitszeit / 30 Minuten Ruhezeit

Zutaten für 4 Portionen:

- 1 Wassermelone in Stücke
- 2 EL Honig
- 1 Bund Minze, gehackt
- 1 EL Zitronensaft

Notizen:

Zubereitung:

1. Schneiden Sie die Wassermelone in Ecken und geben Sie diese mit dem Honig, Zitronensaft und der Minze in eine Schale.
2. Lassen Sie die Wassermelone für 30 Minuten ruhen und erhitzen Sie den Kontaktgrill.
3. Geben Sie die Wassermelone hinein und lassen Sie die Stücke für 5 Minuten garen.

Ananas

10 Min. Arbeitszeit

Zutaten für 2 Portionen:	Zubereitung:
• 1 Ananas, in Scheiben • 2 EL Zucker • 1 TL Zimt • 5 g Ingwer, gerieben • 2 EL Honig	1. Vermischen Sie den Honig mit den Gewürzen und bestreichen Sie die Ananasscheiben. 2. Heizen Sie ihren Kontaktgrill auf die höchste Stufe ein und geben Sie die Scheiben für 6-8 Minuten hinein.

Notizen:

Schokobrötchen am Stiel

10 Min. Arbeitszeit

Zutaten für 4 Portionen:	Zubereitung:
• 4 Milchbrötchen • 4 Holzspieße • 1 Banane, in Scheiben • 2 Kinderriegel, gehackt	1. Nehmen Sie die Milchbrötchen und schneiden Sie diese auf. 2. Belegen Sie die Brötchen mit der Banane und der Schokolade, geben Sie den Spieß dazu und drücken Sie den Deckel des Brötchens an. 3. Heizen Sie den Kontaktgrill ein und geben Sie die Brötchen für 3-4 Minuten hinein. Bis die Schokolade geschmolzen ist.

Notizen:

Limettenplätzchen

45 Min. Arbeitszeit

Zutaten für 50 Plätzchen:	Zubereitung:
• 500 g Mehl • 1 Päckchen Vanillezucker • 125 ml Öl • 3 Limetten Saft & Abrieb • 8 g Ingwer, gerieben • 125 g Zucker • 2 Eier	1. Vermischen Sie alle Zutaten zu einem glatten Teig. 2. Lassen Sie den Teig kurz ruhen und heizen Sie ihren Kontaktgrill auf die höchste Stufe ein. 3. Nehmen Sie den Teig und formen Sie daraus ca. 50 Kugeln. 4. Geben Sie diese Kugeln nacheinander in den Kontaktgrill und lassen Sie diese dort für 2-3 Minuten ausbacken.

Notizen:

Schokoplätzchen

45 Min. Arbeitszeit

Zutaten für 50 Plätzchen:

- 500 g Mehl
- 100 g Schokolade, geschmolzen
- 1 Päckchen Vanillezucker
- 125 ml Öl
- 125 g Zucker
- 2 Eier
- 60 g Mandeln, gemahlen

Notizen:

Zubereitung:

1. Vermischen Sie alle Zutaten zu einem glatten Teig.
2. Lassen Sie den Teig kurz ruhen und heizen Sie ihren Kontaktgrill auf die höchste Stufe ein.
3. Nehmen Sie den Teig und formen Sie daraus ca. 50 Kugeln.
4. Geben Sie diese Kugeln nacheinander in den Kontaktgrill und lassen Sie diese dort für 2-3 Minuten ausbacken.

Bananen Wrap

10 Min. Arbeitszeit

Zutaten für 2 Portionen:	**Zubereitung:**
• 2 Wraps • 2 Bananen • 2 EL Schokocreme • 2 EL Kokosraspeln	1. Erhitzen Sie ihren Kontaktgrill auf die mittlere Stufe. 2. Bestreichen Sie den Wrap mit der Schokocreme und bestreuen Sie diese mit den Kokosraspeln. Legen Sie die Banane in die Mitte und rollen Sie den Wrap auf. 3. Geben Sie den Wrap für 5-6 Minuten in den Kontaktgrill und lassen Sie diesen darin garen bis schöne Grillstreifen entstanden sind.

Notizen:

Teig Rollen

30 Min. Arbeitszeit

Zutaten für 4 Portionen:	**Zubereitung:**

Zutaten für 4 Portionen:

- 5 Eier, schaumig
- 6 EL Mehl
- 250 g Margarine
- 6 EL Zucker
- 200 g Sahne, steif
- 100 g Erdbeeren, gehackt

Notizen:

Zubereitung:

1. Nehmen Sie die Eier, Mehl, Margarine und den Zucker und verrühren Sie dies zu einem Teig.
2. Erhitzen Sie ihren Kontaktgrill auf die höchste Stufe.
3. Geben Sie etwas Teig hinein und backen Sie diesen für 2-3 Minuten. Rollen Sie den Teig sofort zu einer Rolle.
4. Nachdem alle Rollen fertig sind, die Erdbeeren mit der Sahne mischen und die Füllung in die Rollen geben.
5. Bei Bedarf mit Puderzucker verzieren.

Mallow am Stiel

10 Min. Arbeitszeit

Zutaten für 4 Portionen:	**Zubereitung:**
• 4 Milchbrötchen • 4 Holzspieße • 4 Erdbeeren, gehackt • 4 Marshmallow, gehackt	1. Nehmen Sie die Milchbrötchen und schneiden Sie diese auf. 2. Belegen Sie die Brötchen mit den Erdbeeren und dem Marshmallow, geben Sie den Spieß dazu und drücken Sie den Deckel des Brötchens an. 3. Heizen Sie den Kontaktgrill ein und geben Sie die Brötchen für 3-4 Minuten hinein. Bis die Marshmallows geschmolzen ist.

Notizen:

Apfel Zimt Wrap

10 Min. Arbeitszeit

Zutaten für 2 Portionen:

- 2 Wraps
- 1 Apfel, gehackt
- 2 EL Butter
- 2 EL Mandelsplitter
- 2 EL Zucker & Zimt

Notizen:

Zubereitung:

1. Erhitzen Sie ihren Kontaktgrill auf die mittlere Stufe.
2. Bestreichen Sie den Wrap mit der Butter und bestreuen Sie diese mit dem Zucker & Zimt. Legen Sie die Äpfel und die Mandeln Splitter in die Mitte und rollen Sie den Wrap auf.
3. Geben Sie den Wrap für 5-6 Minuten in den Kontaktgrill und lassen Sie diesen darin garen bis schöne Grillstreifen entstanden sind.

Orangen Wodka Wrap

10 Min. Arbeitszeit / 1 Stunde Ruhezeit

Zutaten für 2 Portionen:	**Zubereitung:**
• 2 Wraps • 2 Orangen, in Stücken • 50 ml Wodka • 2 EL Erdbeermarmelade • 50 g geröstete Mandelsplitter	1. Geben Sie die Orange mit dem Wodka in eine Schüssel und lassen Sie diese für 1 Stunde einziehen. 2. Erhitzen Sie ihren Kontaktgrill auf die mittlere Stufe. 3. Bestreichen Sie den Wrap mit der Marmelade und bestreuen Sie diese mit den Nüssen. Legen Sie die Orangen in die Mitte und rollen Sie den Wrap auf. 4. Geben Sie den Wrap für 5-6 Minuten in den Kontaktgrill und lassen Sie diesen darin garen bis schöne Grillstreifen entstanden sind.
Notizen:	

Waffeln

Käsekuchen Waffeln

20 Min. Arbeitszeit

Zutaten für 4 Portionen:	**Zubereitung:**
• 4 Eier • 1 EL Zitronensaft & Abrieb • 450 g Frischkäse, Natur • 1 Päckchen Vanille Zucker • 50 g Mehl • 1 Prise Salz • 100 g Zucker Notizen:	1. Verrühren Sie die Eier schaumig und geben sie die Prise Salz sowie den Zucker und den Zitronenabrieb und Saft hinzu. 2. Vermischen Sie die Zutaten, bis diese schaumig sind und fügen Sie nach und nach den Frischkäse sowie das Mehl hinzu. Den Vanillezucker unterheben. 3. Erhitzen Sie ihren Kontaktgrill und bestreichen Sie die Bratflächen mit etwas Öl. 4. Nun den Teig portionsweise darauf geben und jede Waffel für 3-4 Minuten ausbacken.

Schokowaffeln

30 Min. Arbeitszeit

Zutaten für 3 Portionen:	**Zubereitung:**
• 100 g Zartbitterschokolade, geschmolzen • 100 g Butter, weich • 3 Eier, schaumig • 75 g Zucker, braun • 1 Prise Salz • 1 TL Backpulver • 150 g Mehl • 100 ml Sahne • 1 TL Vanillepaste	1. Vermischen Sie alle Zutaten zusammen und lassen Sie den Teig für 15 Minuten ruhen. 2. Erhitzen Sie ihren Kontaktgrill und geben Sie den Teig nach und nach hinein. 3. Backen Sie diesen für 5-8 Minuten zu Waffeln aus.

Notizen:

Haselnusswaffeln

20 Min. Arbeitszeit

Zutaten für 4 Portionen:	Zubereitung:
• 100 g Butter, weich • 3 Eier, schaumig • 1 Päckchen Backpulver • 1 TL Zimt • 350 Mandelmilch • 100 g Haselnüsse, gemahlen • 250 g Mehl • 80 g Zucker, braun Notizen: ______________ ______________ ______________ ______________ ______________	1. Verrühren Sie die Butter mit den Eiern und geben Sie den Zucker hinein. Heben Sie nach und nach die restlichen Zutaten unter. 2. Vermischen Sie alles gut und lassen Sie es in der Zeit, in der ihr Kontaktgrill vorheizt, ziehen. Bestreichen Sie die Grillfläche mit Öl. 3. Dann geben Sie den Waffelteig portionsweise hinein und backen die Waffeln nacheinander aus.

Skyr Waffeln

10 Min. Arbeitszeit

Zutaten für 4 Portionen:

- 2 Bananen
- 4 Eier
- 1 TL Zimt
- 8 g Ingwer, gerieben
- 100 g Mehl
- 200 g Skyr
- 1 TL Backpulver

Notizen:

Zubereitung:

1. Schälen Sie die Banane und geben Sie diese mit den anderen Zutaten in den Mixer.
2. Pürieren Sie alles für 2 Minuten zu einem Teig.
3. Erhitzen Sie ihren Kontaktgrill und bestreichen Sie die Grillfläche gegebenenfalls mit Öl.
4. Den Teig nach und nach darin zu Waffeln ausbacken.

Buttermilch Waffeln

15 Min. Arbeitszeit

Zutaten für 4 Portionen:	**Zubereitung:**
• 1 Prise Salz • 2 Eier, schaumig • 100 g Butter, weich • 250 g Mehl • 200 g Buttermilch • 1 TL Backpulver • 1 Päckchen Vanillezucker • 50 g Zucker	1. Verrühren Sie alle Zutaten zu einem geschmeidigen Teig und lassen Sie die Mischung für 5 Minuten ruhen. 2. Heizen Sie in dieser den Kontaktgrill vor. 3. Geben Sie den Teig nach und nach auf den Kontaktgrill und backen Sie diesen zu Waffeln aus.

Notizen:

Vanillewaffeln

10 Min. Arbeitszeit

Zutaten für 4 Portionen:

- 2 Päckchen Vanillezucker
- 1 Päckchen Backpulver
- 300 g Mehl
- 1 TL Vanillepaste
- 250 g Vanillequark
- 200 ml Milch
- 3 Eier
- 30 g weiche Butter

Zubereitung:

1. Alle Zutaten zu einem schaumigen Teig verrühren und den Kontaktgrill vorheizen.
2. Bestreichen Sie die Grillplatten mit etwas Öl und backen Sie die Waffeln nacheinander aus.

Notizen:

Rosinen Waffeln

20 Min. Arbeitszeit

Zutaten für 4 Portionen:

- 4 Eier
- 1 EL Zitronensaft & Abrieb
- 450 g Frischkäse, Natur
- 40 g Rosinen
- 1 Päckchen Vanille Zucker
- 50 g Mehl
- 1 Prise Salz
- 100 g Zucker

Notizen:

Zubereitung:

1. Verrühren Sie die Eier schaumig und geben sie die Prise Salz sowie den Zucker und den Zitronenabrieb und Saft hinzu.
2. Vermischen Sie die Zutaten, bis diese schaumig sind und fügen Sie nach und nach den Frischkäse sowie das Mehl hinzu. Den Vanillezucker mit den Rosinen unterheben.
3. Erhitzen Sie ihren Kontaktgrill und bestreichen Sie die Bratflächen mit etwas Öl.
4. Nun den Teig portionsweise darauf geben und jede Waffel für 3-4 Minuten ausbacken.

Schoko & Rum Waffeln

30 Min. Arbeitszeit

Zutaten für 3 Portionen:

- 100 g Zartbitterschokolade, geschmolzen
- 100 g Butter, weich
- 3 Eier, schaumig
- 20 ml Rum
- 75 g Zucker, braun
- 1 Prise Salz
- 1 TL Backpulver
- 150 g Mehl
- 100 ml Sahne
- 1 TL Vanillepaste

Notizen:

Zubereitung:

1. Vermischen Sie alle Zutaten zusammen und lassen Sie den Teig für 15 Minuten ruhen.
2. Erhitzen Sie ihren Kontaktgrill und geben Sie den Teig nach und nach hinein.
3. Backen Sie diesen für 5-8 Minuten zu Waffeln aus.

Baileys Waffeln

10 Min. Arbeitszeit

Zutaten für 4 Portionen:	**Zubereitung:**
• 50 ml Baileys Red Velvet Cupcake • 1 Päckchen Backpulver • 300 g Mehl • 1 TL Vanillepaste • 250 g Vanillequark • 200 ml Milch • 3 Eier • 30 g weiche Butter	1. Alle Zutaten zu einem schaumigen Teig verrühren und den Kontaktgrill vorheizen. 2. Bestreichen Sie die Grillplatten mit etwas Öl und backen Sie die Waffeln nacheinander aus.

Notizen:

Buttermilch Zitronen Waffeln

15 Min. Arbeitszeit

Zutaten für 4 Portionen:	**Zubereitung:**
• 1 Prise Salz • 1 Zitronenabrieb • 1 Zitronensaft • 2 Eier, schaumig • 100 g Butter, weich • 250 g Mehl • 200 g Buttermilch • 1 TL Backpulver • 1 Päckchen Vanillezucker • 50 g Zucker • 1 Limettenabrieb Notizen:	1. Verrühren Sie alle Zutaten zu einem geschmeidigen Teig und lassen Sie die Mischung für 5 Minuten ruhen. 2. Heizen Sie in dieser den Kontaktgrill vor. 3. Geben Sie den Teig nach und nach auf den Kontaktgrill und backen Sie diesen zu Waffeln aus.

Impressum

Olivier Reneau wird vertreten durch:
Lukas Harms
Peterstraße 74
52062 Aachen

1. Auflage, 2021
Kontakt: Buecher-Fragen@web.de
Coverfoto: www.depositphotos.com
Covergestaltung: www.fiverr.com

Haftungsausschluss

Urheberrechtsschutz

Printed by Amazon Italia Logistica S.r.l.
Torrazza Piemonte (TO), Italy

25965059R00073